KB174528

한국형
노동회의소를
꿈꾸다

한국형 노동회의소를 꿈꾸다

4차 산업혁명 시대 중층적 노사 관계의 새로운 모델

1판 1쇄 | 2020년 5월 26일

지은이 | 이용득·손낙구
펴낸이 | 정민용
편집장 | 안중철
편집 | 강소영, 윤상훈, 이진실, 최미정

펴낸 곳 | 후마니타스(주)
등록 | 2002년 2월 19일 제2002-000481호
주소 | 서울 마포구 신촌로14안길 17, 2층(04057)
전화 | 편집 02.739.9929/9930 영업 02.722.9960 팩스 0505.333.9960

SNS | humanitasbook
블로그 | humabook.blog.me
이메일 | humanitasbooks@gmail.com

인쇄 | 천일 031.955.8083 제본 | 일진 031.908.1407

값 20,000원

ⓒ 이용득·손낙구, 2020
ISBN 978-89-6437-353-8 (93300)

이 도서의 국립중앙도서관 출판예정도서목록(CIP)은 서지정보유통지원시스템 홈페이지(seoji.nl.go.kr)와
국가자료공동목록시스템(www.nl.go.kr/kolisnet)에서 이용하실 수 있습니다(CIP제어번호: CIP2020019828).

한국형
노동회의소를
꿈꾸다

4차 산업혁명 시대
중층적 노사 관계의
새로운 모델

이용득 · 손낙구 지음

ÖSTERREICH

후마니타스

차례

책을 펴내며   11

1부   왜 노동회의소인가

1장   사회적 대화와 사회적 합의   16

2장   한국형 노사 관계 모델의 탐색   26

3장   노동회의소: 10+90%를 위한 상상력   34

2부   문답Q&A으로 풀어 보는 한국형 노동회의소

1장   노사 관계의 현주소

1.   노사 관계란 무엇인가?   51
2.   중앙 단위 노사 관계란 무엇이고 왜 중요한가?   52
3.   중앙 단위 노사 관계가 다루는 이슈의 범위가 넓은 이유는?   53
4.   노사 관계에는 어떤 유형이 있는가?   56
5.   노사 관계의 유형별 주요 특징은?   57

6. 외국의 산업화 과정과 노사 관계 형성 과정은 어떠했는가?   58

7. 한국과 경제 수준이 비슷한 OECD 가맹 국가들의 노사 관계 현황은?   60

8. 한국에는 '노사 관계가 존재하지 않는다'고 평가받는 이유는 무엇인가?   64

9. 한국은 산업화 과정에서 왜 중앙 단위 노사 관계를 구축하지 못했는가?   66

10. 한국에는 왜 기업별 노사 관계만 존재하게 되었는가?   67

11. 기업별 노사 관계만 존재하는 것이 왜 문제인가?   69

12. 한국 노동조합의 조직 현황은?   70

13. 대기업과 중소기업, 정규직과 비정규직의 노동조건의 격차는?   74

14. 산별노조와 노총, 경사노위가 있음에도   76

    왜 중앙 차원의 노사 관계가 없다고 평가하는가?

15. 노동운동 활동가들의 노력에도 불구하고   78

    기업별 노사 관계를 극복하지 못하는 이유는?

16. 노동부에서 고용노동부로 명칭을 변경한 것은   79

    노동정책의 후퇴를 의미하는가?

17. 4차 산업혁명 시대의 긍정적 측면과 부정적 측면은 무엇인가?   81

18. 4차 산업혁명 시대를 맞이해 노사 관계는 어떻게 변화해야 하는가?   83

2장 해외 사례로 본 노동회의소

19. 노동회의소 제도를 운영하는 오스트리아 노사 관계의 대략적인 모습은?   87

20. 오스트리아의 중앙 노사 관계인 동등위원회는 어떻게 구성되며   89

    어떤 의제를 다루는가?

21. 오스트리아의 동등위원회는 어떻게 운영되는가?   91

22. 노동회의소는 언제 어떻게 탄생했는가?   94

23. 노동회의소 회원의 자격과 대상은?   96

24. 노동회의소의 회비와 총 재정 규모는?   98

25. 노동회의소의 조직 운영 및 직원 규모는?   99

26. 노동회의소는 어떤 일을 하는가?   103

27. 노동회의소 등 오스트리아의 노사 관계가   115

    우리에게 시사하는 점은 무엇인가?

3장 한국형 노동회의소를 제안한다

28. 현재 한국의 노사 관계에서 시급한 과제는 무엇인가?   121

29. 90% 미조직 취약 계층의 권익을 대변하기 위해   124

    어떤 노력이 진행되고 있는가?

30. 한국형 노동회의소에 대한 논의는 언제부터 시작되었는가?   126

31. 문재인 대통령의 대선 공약인 '한국형 노동회의소 설치'의   130

    내용과 진행 상황은?

32. 20대 국회에서 노동회의소 제도 도입을 위해   133

    발의된 법안의 내용은?

33. 노동회의소법안의 특징과 절차는?   135

34. 서울시의 '서울형 노동회의소'와 경기도의 '경기도형 노동회의소'   136

    도입 계획은 어떻게 진행되고 있는가?

35. 노동회의소의 재원은 어떻게 충당할 것인가?   140

36. 한국형 노동회의소 운영에 고용보험기금을 사용하는 방안이란?   143

37. 노동회의소 제도가 도입되면 노동조합에 가입하려는   145
사람이 줄어들지 않을까?

38. 노동회의소 도입을 추진하는 것보다   148
산별노조(교섭) 전환이 시급하지 않은가?

39. 조건이 다른 외국의 사례를 한국에 적용할 수 있는가?   149

4장 한국형 노동회의소가 도입된다면

40. 한국형 노동회의소는 어떤 일들을 할 수 있을까?   153

41. 노동조합 활동가와 노동회의소 전문가가   156
담당하는 역할은 어떻게 다른가?

42. 노동회의소는 사회적 대화를 만드는 데   158
어떤 역할을 할 수 있을까?

43. 한국형 노동회의소 도입을 둘러싸고 국내에서는   160
어떤 논의가 이루어지고 있는가?

44. 노동회의소가 도입되면 사용자 단체는 어떻게 변해야 하는가?   163

45. 노동회의소를 도입하면서 현재의 노사 관계도 변해야 하지 않을까?   165

46. 노동회의소를 도입하고 중앙 단위 노사 관계를 구축하는 것과   167
일자리를 늘리는 것은 어떤 관련이 있는가?

47. 노동회의소 제도 도입의 기대 효과는 무엇인가?   169

48. 노동회의소의 도입은 한국 사회 전반에 어떤 영향을 미칠까?   172

서문 노동자의 보호와 노동자의 권리를 위해 투쟁합니다   182

1장 노동회의소 개관

1.1 법적 과제   187

1.2 노동회의소의 역사적 배경   191

1.3 상호 연대하는 성과 지향적 공동체   207

1.4 오스트리아의 정치체제   208

1.5 노동회의소와 노동조합의 협력   212

1.6 경제-사회적 동반자 관계   218

2장 노동회의소 조직 및 업무

2.1 노동회의소의 조직 및 재정   229

2.2 노동회의소의 회원   232

2.3 법정 회원제   235

2.4 총회   240

2.5 자치행정 업무   242

2.6 노동회의소의 서비스 제공   250

2.7 9개 노동회의소와 연방노동회의소   257

2.8 연방노동회의소   260

2.9   노동회의소 선거   265

3장 현재의 발전 과정

3.1   환경의 변화   271
3.2   전략적 조치   276
3.3   미래를 만드는 노동회의소   281
3.4   대화 이니셔티브, "노동은 어떤 모습이어야 하는가?"   284
3.5   노동회의소의 향후 프로그램   287

4장 오스트리아 이외 국가의 자매 노동회의소

4.1   브레멘 노동회의소   291
4.2   자를란트 노동회의소   291
4.3   룩셈부르크 노동회의소   292
4.4   국제 노동회의소의 날   293

5장 부록

5.1   오스트리아 연방노총   295

저자 이용득은 노동운동만 40년 가깝게 해 온 사람이다. 금융노조와 한국노총이 주된 활동 무대였다. 노동운동을 할 때부터 우리나라에 오스트리아 노동회의소 제도와 같은 노동자 권익 대변 기구가 필요하다고 생각했다. 전체의 90%에 달하는 미조직 취약 계층 노동자들의 소외된 노동권을 보호할 수 있을 뿐만 아니라, 상공회의소와 함께 총노동 대 총자본의 중앙 단위 노사 관계를 구축할 수 있기 때문이다.

노사 관계의 중심축을 형성하고 있는 두 노총은 기업별 울타리를 넘어서고, 사업장 출신 중심의 한계를 극복해, 말 그대로 전체 노동자를 대변해야 하는 과제를 안고 있다. 활동가 중심의 현재 노동운동에, 전문가 중심의 노동회의소가 더해진다면 전체 노동자를 더욱 잘 대변하는 것은 물론이고 4차 산업혁명 시대에 우리나라 경제·노동문제를 해결하는 데도 크게 도움이 될 것이라 생각했다.

또 다른 저자인 손낙구도 20여 년간 노동운동과 진보 정당 운동에 몸담았다. 주로 금속 노동조합과 민주노총에서 활동했다. 민주화도 되었으니 이제 산별노조를 만들고 노동자가 주체가 되는 정치 세력화를 온전히 이룰 수 있다면 척박한 노동 현실에 길이 보일 것이라 믿었다. 하지만 많은 사람의 희생과 헌신에도 불구하고 현실은 좀처럼 바뀌지 않고, 특히 노조에도 가입하지 못한 노동자들의 어려움이 커지는 데 무력감마저 들었다.

답답한 현실을 단번에 해결해 줄 '도깨비 방망이'가 있을 수는 없겠지만 실마리를 찾는 데 도움이 될 수 있다면, 열린 마음으로 진지하게 탐구하는 것이 미래 세대에 대한 도리라 생각했다. 오늘은 어려워 보이지만 내일은 이루어질 수 있다는 꿈, 그 꿈을 향한 다양한 상상력을 발휘하도록 서로 자극하는 것도 의미가 있는 시기가 아닐까 생각했다.

두 사람은 제20대 국회에서 국회의원과 보좌관으로 다시 만났고, 국정감사 등 의정 활동, 여러 차례의 연구 용역과 토론회를 통해 노동회의소를 더 자세히 파고들고 알리려 했다. 동료 의원 40명과 함께 한국형 노동회의소 도입에 필요한 법안도 발의했다.

2020년 5월 제20대 국회에서는 미완의 도전으로 마무리됐지만 함께해 온 '한국형 노동회의소의 꿈'은 끝나지 않았다고 믿기에 노동 현장과 학계, 정치권에서 문제의식을 발전시키고 꿈을 현실로 만들기 위한 노력이 이어지리라는 기대 속에 이 책을 내게 되었다.

제1부에서는 '왜 노동회의소인가?'에 대해 주로 문제의식을 말하고, 제2부에서는 문답 방식으로 이를 상세하게 설명하는 식으로 구성했다. 제1부 각 꼭지에 대해 자세히 알고 싶을 경우 제2부의 어떤 문답 항목을 봐야 하는지 안내했다. 제3부에서는 번역 자료로 오스트리아 연방노총과 노동조합, 노동회의소에서 교육교재로 사용되는 자료를 실었다.

3부 번역을 맡아 준 전북대 법학전문대학원 이호근 교수, 흔쾌히 저작권을 허락해 준 오스트리아 연방노총에 감사드린다. 노동회의소의 꿈을 함께 꿔준 현장의 활동가, 학계의 전문가, 보좌진들께도 고마운 마음을 전한다.

아무쪼록 노동자들의 밝은 미래, 보다 나은 한국 사회의 내일을 위해 도움이 되길 기대한다.

2020년 5월

이용득, 손낙구 씀

1부

왜
노동회의소인가?

1

사회적 대화와
사회적 합의

노사 관계란?

노사 관계란 자본주의사회를 구성하는 대표적인 두 집단인 노동자와 사용자(자본가)가 맺게 되는 사회적 관계를 말한다. 노사 관계는 현안이 되는 문제에 대해 대화와 협상을 통해 이견을 조율하고 그 결과를 담은 협약을 맺어 적용함으로써 갈등 요인을 줄이고 안정적인 관계를 유지하는 데 목적이 있다.

노사 관계는 노사 당사자의 참여 범위와 의제의 수준에 따라 좁은 범위의 기업별 노사 관계로부터, 산업별 노사 관계, 그리고 가장 폭이 넓은 총노동과 총자본의 중앙 단위 노사 관계로 구분할 수 있다. 총노동과 총자본의 중앙 단위 노사 관계가 그 나라 노사 전체를 대표하는 양측이 노사 관계 전반을 다루는 것이라면, 산업별 노사 관계는 해당 산업의 노동자를 대표하는 노조와 사용자단체 간에 임금과 노동시간을 비롯한 표준 근로조건 등 산업별 노사문제를 다룬다. 이에 비해 기업별 노사 관계는 해당 기업이라는 좁은 범위의 경제적 노사문제를 다룬다.

노사의 참여 범위와 다루는 의제가 포괄적일수록, 즉 기업별 노사 관계보다는 산업별 노사 관계, 그보다는 총노동과 총자본의 중앙 단위 노사 관계가 발달할수록, 노사가 경제와 사회 전반에 미칠 수 있는 영향력이 크고 사회적 균형과 안정에 기여할 수 있다. 다룰 수 있는 의제가 광범위하고, 노사 모두 조직률이 높으며 협상을 통해 노사 간에 체결하는 협약의 적용 대상이 넓으므로 노사 관계가 안정적이고 노동자 보호 범위도 넓다.

글로벌 시각(특히 유럽형 노사 관계의 시각)에서 노사 관계란 일반적으로 중앙 단위 노사 관계 즉 총노동과 총자본의 관계를 의미한다. 따라서 10%의 기업별 노사 관계만 존재하는 한국에 대해 외국 노사 관계 전문가들은 '노사 관계가 없다'고 평가한다. 2019년 세계경제포럼(WEF)의 국가 경쟁력 평가에서 한국은 종합 순위 13위를 기록했지만 노동시장 분야는 51위에 머물렀고, 세부 항목 중 노동자의 권리와 노사 관계에서의 협력 분야는 141개 국가 중 각각 93위와 130위를 기록했다. (2부 Q&A 1, 3 / 51~55쪽 참조)

단체협약 적용률이 중요하다

편의상 각국의 노사 관계 유형을 크게 영미형과 유럽형으로 나누지만 실제 노사 관계의 모습은 저마다 역사적 배경에 따라 차이가 크다. 예를 들어 노조 조직률은 노동조합의 영향력을 보여 주는 대표적 지표이지만, 이것만으로 노동자에 대한 보호 정도를 판단하기 어렵다. 또한 최근 들어서는 선진국에서도 집약적 노동이 쇠퇴하고 개별적 노동이 확산되면서 노조 조직률 하락 추세를 면치 못하고 있다. 4차 산업혁명 이후에는 이 추세가 더욱 두드러질 것으로 예상된다.

그러나 서구의 경우 자본주의 산업사회가 출현한 이래 2백여 년 동안 사회적 대화와 정부 정책, 사회적 관행 등을 통해, 노조 조직률이 떨어져 노동자 보호가 후퇴되는 것을 막기 위한 보완책을 촘촘히 마련하고 있다.

단적으로 프랑스는 노조 조직률이 7.6%에 불과하지만 단체협약 적용률은 98.5%로 세계 1위를 기록하고 있다. 이것을 가능하게 한 것은 프랑스의 단체협약 효력 확장 제도와, 75%에 달하는 사용자 단체 조직률이다.

오스트리아의 단체협약 적용률은 98.0%로 프랑스에 이어 세계 2위를 기록하고 있다. 노조 조직률이 26.9%인데 이처럼 단협 적용률이 높을 수 있는 배경에는 (노사 모두가 의무적으로 회원으로 가입하는) 노동회의소와 경제회의소 제도를 기반으로 한 총노동 대 총자본의 노사 관계가 있다.

그러나 2018년 OECD 조사 결과 우리나라의 경우 단체협약 적용률은 11.8%로 노조 조직률(10.1%)과 유사하여 미조직 노동자 보호에 아무런 역할을 하지 못하고 있다. 노조 조직률이 수년째 10%대에서 굳어지고 있는 상황에서 미조직 노동자들을 보호할 수 있는 단체협약 적용률 확대의 중요성은 아무리 강조해도 지나치지 않다. 이를 가능하게 하는 제도적 대안과 총노동 대 총자본의 노사 관계를 만들어 내는 일이 시급하다. (2부 Q&A 7 / 60~63쪽 참조)

사회적 대화란
총노동 대 총자본의 대화

총노동 대 총자본의 2자 대화, 또는 정부를 포함한 3자 대화를 '사회적 대화'라고 한다. 다수 국가는 3자 형태를 취한다. 사회적 대화에서 합의한 것을 사회적 합의라 한다.

오스트리아의 경우 노동회의소와 경제회의소 등 네 주체가 참여하는 중앙 단위 노사 관계(동등위원회Paritätischen Kommission)에서 만장일치제를 통해 특정 의제에 합의할 때 그 영향력은 막강하다. 사회적 합의 기구가 자율적 법외 기구이기 때문에 합의에 법적 구속력이 있는 것은 아니다.

그러나 사회적 대화에 참여하는 단체들의 대표성이 강하고 정당 구조와도 밀접하게 연계되어 있는 데다, 무엇보다 합의에 대한 국민적 신뢰가 높기 때문에 정부의 정책, 의회의 입법, 노사 각각의 행보에 미치는 영향력이 광범위하다. 실제로 공공 영역의 기관에 대한 국민적 신뢰도 조사에서 노동회의소와 경제회의소는 매년 최고 또는 상위권을 기록하고 있고 사회적 합의에 대한 지지도 매우 높다. (2부 Q&A 2, 3 / 52~55쪽 참조)

사회적 대화의 역사는
민주주의의 역사

우리나라는 분배 문제에 국한해서 노사 관계를 생각하는 반면 여타 산업 선진국의 노사 관계는 분배 문제는 물론이고 사회경제적 의제 전반, 나아가 전체 사회의 주요 의제까지 포괄하여 다룬다. 즉, 경제·사회·정치·문화 등 모든 부문에 전문가들이 있어 대화를 통해 접점에 이른다. 이 같은 차이가 발생하게 된 데에는 역사적 배경이 있다.

농경 사회에서 산업사회로 전환되던 2백여 년 전 1차 산업혁명 이전까지 대부분의 나라에서 사회 지배계급은 왕과 귀족이었지만 이들이 산업화 과정에서 발생한 경제문제와 사회문제를 해결하기에는 역부족이었다. 산업화가 진전될수록 기존 지배계급의 위상은 점점 왜소해졌고, 새롭게 등장한 사회의 중심 세력인 자본가와 노동자 계급, 즉 노사의 목소리가 높아졌다.

산업화는 급격한 경제적 변화인 동시에 거대한 사회적 격변이었다. 그 변화를 피부로 민감하게 느꼈던 기업과 노동자들 모두의 필요 때문에, 중앙 단위에서 노·사 대표가 해답을 찾기 위해 상시 대화하고 노력하는 시스템을 구축해 왔다. 그 결과, 각 나라마다 고유한 중앙 단위 노사 모델, 즉 사회적 대화 시스템을 구축했고, 정부는 노·사 공동의 제안과 요구에 맞는 지원과 국가 경쟁력 차원의 정책으로 뒷받침해 왔다. 물론 이 과정은 결코 순탄하지 않았고 대부분 격렬한 대립과 갈등 속에 타협점을 찾아가는 방식으로 이루어졌다. 사회적 대화는 노사 관계에 국한되지 않고 사회경제 분야 전반으로 확장되어 사회적 기본권과 민주주의의 핵심 가치를 정착·발전시키는 데에도 크게 기여하였다. <u>1~3차 산업혁명 과정에서 노사의 주도적인 역할 아래 경제와 사회, 민주주의가 발전한 것이다.</u> (2부 Q&A 6 / 58~60쪽 참조)

고용보험과 일자리도
노사가 주도하는 것

　자본주의의 발전 과정에서 실업 문제가 대두되자 19세기 중반부터 유럽에서는 일부 노조를 중심으로 실업에 대비한 노동자들의 자발적인 실업 급여 제도가 시작되었다. 이후 사용자들도 실업 기금을 적립하여 실업자를 구제하는 제도를 만들기도 했다. 이것이 현재 고용보험의 출발이다. 이런 실업 급여 제도는 이후 실업 급여의 지원에 그치지 않고 재취업을 촉진하고 더 나아가 실업의 예방 및 고용 안정, 노동시장의 구조 개편, 직업 능력 개발을 강화하는 적극적인 제도로 발전했는데, 이것이 바로 고용보험이다.

　고용보험은 처음에 노사가 자발적으로 만들었기 때문에 강제적인 보험이 아니었지만 지금은 대부분의 나라에서 정부가 고용보험 가입을 의무화하고 있다. 그러나 흥미롭게도 대부분의 유럽 선진국에서 고용보험 기금의 운영 주체는 노사이거나 노사정 공동 운영이다.

외국과 달리 우리나라의 고용보험은 실업이나 직업 능력 개발을 위한 노사의 자발적인 사전적 움직임이 없는 상태에서 정부 주도로 외국의 제도를 모방한 의무 가입 보험 형태로 1995년부터 시행되었다. 보험 사업에 소요되는 비용은 노사가 내는 보험료로 충당되고 있으며 정부의 국고 지원은 극히 미흡하다. 그러나 노사는 배제된 채 실질적으로는 정부가 고용보험기금 전체를 운영 관리하고 있다.

물론 고용을 유지하고 새로운 일자리를 만드는 데 도움이 되는 정부 정책은 중요하다. 그러나 실제 일자리는 정부가 아니라 산업 현장을 잘 아는 노사가 만들 수밖에 없다. 일자리를 만드는 데 노사의 역할을 높이는 것이 중요하다.

그런데 노조의 조직 형태도 기업별 노조이고, 노사 관계도 기업별 노사 관계이며, 노동법도 노조 활동을 기업 내 분배 문제로 한정시키고 있는 현재 상태로는 노사가 일자리를 만들어 내는 역할을 높일 수 없다. 고용노동부가 고용을 전담하면서 정부가 주도하는 일자리 정책에 사실상 노사를 들러리로 세우고 있는 것은 아닌지 돌아봐야 한다.

노사가 중심이 되는 노사 관계, 분배 문제에 매몰되지 않고 (노동시장에 대한) 노동·고용정책과 (생산물 시장에 대한) 산업·경제정책을 아우르는 노사 관계에서 일자리를 만드는 노사의 역할이 극대화될 수 있다. 노사가 전문성을 갖추고 국민적 신뢰를 받으며 산업 현장에서 일자리 창출 기능을 높일 수 있는 노사 관계 시스템을 만들어야 한다. (2부 Q&A 36, 46 / 143~145, 167~169쪽 참조)

사회적 대화와 사회적 합의,
유럽의 사례

선진국의 노사 관계는 나라마다 조금씩 차이가 있지만 국가적 수준의 중앙 단위로부터, 산업별 노사 관계, 기업 단위 노사 관계까지 노사의 실질적 참여가 매우 높다. 네덜란드의 사회경제협의회(SER)는 노사정이 참여하는 중앙 단위 노사 관계이자 사회적 대화의 대표적 모델로 유명한데, 대화 기구의 위상과 법적 성격이 조금씩 다를 뿐 유럽에서는 이와 유사한 중앙 단위 노사 관계가 일반적이며 노사의 실질적 참여가 보장돼 있다.

독일은 기업 단위에서는 종업원 평의회 제도와 공동 결정 제도가, 산업 단위에서는 산별노조와 산업별 사용자단체 간 산별 교섭이, 중앙 단위에서는 고용·노동·사회정책과 관련한 다양한 기구를 통해 노사정 대화가 작동되고 있다. 반면 독일에는 네덜란드처럼 중앙에서 독자적인 법률을 기반으로 한 사회적 대화 기구가 설치되어 있지는 않다.

오스트리아 역시 기업 단위의 종업원 평의회, 산업 단위의 산별노조, 중앙 단위의 동등위원회라고 하는 각 수준별 노사 관계가 잘 정비되어 있다. 다만 다른 나라들과 달리 노조 이외에 노동회의소 및 경제회의소, 농업회의소라는 독특한 이해 대변 기구가 추가로 조직되어 있고 여기에 모든 노동자와 사용자들이 100% 가입하여 사회적 대화의 주체로 참여하고 있다. 또한 산업 및 기업 단위 노사 관계는 물론 중앙 단위 노사 관계에서도 노사가 모든 결정권을 주도적으로 행사하고 있다.

각 수준별 노사 관계의 장(場)은 각 세력의 이해를 대변하고 실현하며 정책을 형성하는 장이다. 사회적 대화는 사회 협약으로 결실을 맺는데, 유럽 대부분의 나라에서 협약 적용률이 50%가 넘고 프랑스·오스트리아·벨기에·아이슬란드·스웨덴과 같은 나라는 90%가 넘는다. 대화의 결실이, 조직된 노사는 물론 미조직된 노사에게도 확대 적용됨으로써 대화의 효과를 극대화시키고 있는 것이다.

이처럼 노사 관계에 대한 높은 수준의 실질적 참여와 주도적 역할을 통해 산업화 이후 유럽의 노사는 사회권, 사회보장제도, 경제 정책 운용 등 사회경제 전반의 틀을 만들고 변화시켜 왔다. (2부 Q&A 19, 20, 21 / 87~93쪽 참조)

2

한국형 노사 관계 모델의 탐색

과거에는 국가 주도형 모델, 현재는 10% 노사 관계

한국의 경우 산업화가 선진국보다 훨씬 짧은 40~50여 년 동안 이루어져 압축적 고도 성장기를 거쳐 왔다. 1962년부터 1981년까지 네 차례에 걸쳐 추진된 경제개발 5개년 계획에서 알 수 있듯이 이 과정을 주도한 것은 정부였다. 정부의 산업 경제정책은 노동자를 배제하면서 사용주에게는 일방적으로 특혜를 베푸는 것이었다. 경제성장이 정책의 우선순위였기 때문이었다.

당연히 선진국과 같은 노사 주도의 사회적 대화나 타협을 위한 중앙 단위 노사 관계 시스템은 존재하지 않았다. 그 결과 경제적 측면에서 부와 기술의 축적이라는 변화는 있었지만 민주주의와 인권 등 중요한 사회적 가치들은 제대로 성숙될 수 없었다.

그동안의 추격형 시스템에서는 정부 주도의 기술력 축적이 어느 정도 가능했다. 그러나 4차 산업혁명 시대를 맞아 변화의 속도가 놀랄 만큼 빨라지고 있는 상황에서 정부 주도로는 변화를 따라갈 수 없다. 정부는 노사에 비해 산업 현장의 변화에 훨씬 둔감하기 때문에 노사가 주도하지 않으면 안 된다. 4차 산업혁명의 성공을 위해서는 경제·사회·노동 등 사회 전 분야에서 정책적·제도적 혁신이 필요하기 때문에 노사의 참여와 주도는 필수적이다. 나아가 사회적 변화, 민주주의의 발전을 위해서도 노사의 주도적 역할을 높여야 한다.

현재 우리나라의 10% 노사 관계 시스템은 기업별 노조에 발이 묶인 활동가 중심의 시스템이다. 그러나 선진국은 산업과 중앙 단위 노사 관계이자 전문가 중심의 시스템이다. 노총과 사회민주노동자당 설립에 앞장서고 스웨덴의 독특한 노사 관계와 복지국가 모델을 만들어 낸 얄마르 브란팅(Karl Hjalmar Branting) 전 총리는 특정 사업장에 적을 두지 않은 전문가 출신이다. 1982년 노총 사무총장으로서 사용자단체와 바세나르 협약 체결을 주도하고 총리까지 역임했던 네덜란드의 빔 코크(Wim Kok) 역시 특정 사업장에 적을 두지 않은 전문가 출신이다. (2부 Q&A 9, 46 / 66~67, 167~169쪽 참조)

노동시장의 양극화,
플랫폼 노동자는 누가 대변할 것인가?

현재 우리나라 노동시장의 이중구조와 양극화는 심각한 경제 사회적 문제로 대두되고 있다. 임금 수준과 직업 안정성이 좋고 근무 환경이 양호한 대기업 정규직 중심의 '1차 노동시장'(11%)과, 임금 수준과 직업 안정성이 낮고 근무 환경이 나쁜 비정규직 또는 중소 영세기업 중심의 '2차 노동시장'(89%)으로 이원화되어 있다. 이들 간 노동조건의 격차가 크게 벌어진 문제를 해결하지 않으면 사회적 갈등은 물론 안정적인 경제 운용에 큰 어려움이 닥칠 것이다.

여기에 더하여 4차 산업혁명이 가속화됨에 따라 스마트 공장, 디지털 노동과 플랫폼 노동은 숙련된 노동력의 부족을 불안정 저임금 일자리로 대체할 것이다. 우리나라는 이미 노동자처럼 일하지만 법적으로는 자영업자로 분류돼 노동기본권을 보장받지 못하는 특수 형태 근로 종사자(특고 노동자)가 220만 명에 달한다.

노동시장의 이중구조와 양극화는 이미 심각하고 앞으로 더 악화될 가능성이 크지만 90% 미조직 취약 계층과 플랫폼 노동자들을 대변할 기구가 없고 문제를 해결하기 위한 시스템이 취약한 것이 현실이다. (2부 Q&A 18 / 83~85쪽 참조)

10% 접근법을 넘어

대한민국에는 현재 수천 명의 활동가들이 노동운동의 발전을 위해 애쓰고 있다. 여러 가지 어려움에도 불구하고 노동조합운동이 여기까지 올 수 있게 된 데에는 밤낮없이 노력해 온 활동가들의 피땀이 녹아 있다. 그러나 현재 노동운동은 자기 사업장의 노조원만

챙기는 노동 이기주의, 심지어 대기업 정규직 중심의 귀족 노동운동이라는 비난에 직면해 있다.

그럼에도 노조 조직률을 획기적으로 높이는 것, 또는 온전한 산별노조(교섭)로의 전환을 목표로 하면 충분하다는 견해가 있다.

<u>노조 조직률을 높이고 산별노조(교섭)로 전환하는 일은 꼭 필요하고 꾸준히 추진해야 하지만, 그것만으로는 90% 미조직 취약 계층의 절박한 현실을 개선하고 온전한 노사 관계를 만들 수 없다.</u>

우리나라 노조 조직률은 20년 전인 1989년 18.6%를 정점으로 계속 떨어져 2003년 이후 2017년까지 10%대를 벗어나지 못했고, 2018년에 상승세로 돌아섰지만 11.8%에 머물렀다. 노조 조직률 하락은 우리나라만이 아니라 세계적인 추세다. 노동계에서 20년 전부터 산별노조 전환을 추진해 왔지만 산별 교섭을 거부하는 사용자들의 완강한 반대로 '무늬만 산별'인 실정이다. 실제로 대기업 정규직 노조가 전체 노조 활동과 교섭을 주도하고 있고 그 열매도 가장 많이 누리고 있다. 노조 조직률의 획기적 제고, 산별노조(교섭) 전환을 위해 앞으로도 노력해야 하는 것은 맞지만, 그 길만이 90% 미조직 취약 계층의 문제를 해결할 수 있는 유일한 방안은 아닐 뿐더러 그때까지 기다리라고 할 수 없는 것이 냉정한 현실이다. (2부 Q&A 15, 43 / 78~79, 160~163쪽 참조)

사회적 대화를 위한 한국의 실험과 좌절

노사의 대화, 즉 사회적 대화가 자본주의 사회경제 시스템의 운용과 변화의 중심으로 자리 잡아 온 선진국과 달리, 우리나라의 경우 총노동과 총자본의 대표성을 갖춘, 노사 중심의 사회적 대화는 지금까지 제대로 형성되지 못했다.

1998년 김대중 정부 때 첫 번째 단추로 노사정위원회가 만들어졌다. 그러나 산업화 이후 줄곧 노사를 들러리로 전락시킨 채 정부가 일방적으로 주도하는 노동정책이 달라지지 않았고, 분배 중심의 10% 노사 관계의 한계 때문에 전체 노사를 제대로 대변하지 못한 채 실패로 끝났다.

2007년 두 번째 단추로 노무현 정부 때 노사정위원회의 문제점을 보완하기 위해 노사 2자 기구로 노사발전재단을 만들고자 했으나 정부 내 관료 이기주의로 오히려 정부 산하 기구로 전락해 실패로 끝났다.

이명박 정부에서는 노사정위원회를 확대·개편한 노사민정협의회를 만들어 박근혜 정부까지 이어졌고, 문재인 정부에서는 이를 다시 경제사회노동위원회(이하 경사노위) 체계로 개편했다.

특히 경사노위에서는 미조직 노동자들인 청년·여성·비정규직·중소기업·중견기업·소상공인의 참여를 확대했다. 그러나 실효성은 없는 것으로 드러났다. 취약한 대표성, 과도한 정부의 주도성, 분배 중심의 10% 노사 관계의 한계를 그대로 안고 있어 실질적인 사회적 대화 기구로서 역할과 기능을 하지 못하고 있다.

일각에서 한국형 노동회의소 도입 문제를 경사노위에서 논의하자는 견해가 있다. 그러나 그럴 경우 10% 노사 관계만 논의할 수 있을 뿐 그 범위 밖의 이야기는 '코페르니쿠스적 발상의 전환'을 떠올려야 할 정도로 불가능에 가깝다. 또한 실질적인 사회적 대화 기구가 부재한 상황에서, 경사노위에서 90% 노사 관계 시스템을 구축하기 위한 논의는 구조적으로 이루어지기 어렵다. (2부 Q&A 42 / 158~159쪽 참조)

한국형 중앙 노사 관계 모델이 필요하다

핵심적인 문제는 현재의 노동조합과 노사 관계가 조직된 노동자 10%만을 대변하고 참여하는 '10% 노동운동', '10% 노사 관계'에 머물러 있다는 점이다. 노동회의소에 주목하는 목적은 또 다른 수천 명의 전문가들을 중심으로 90%의 노동자를 대변하고 참여하게 하는 시스템을 만들어 10+90의 총노동 대 총자본의 노사 관계를 완성시키자는 것이다.

앞서도 말했듯이, 유럽의 노동 선진국 대부분은 우리에 비해 노조 조직률이 높고 강력한 산별노조가 있지만 그것만으로 노사 관계가 완성된 것이 아니다. 그 기반 위에 종업원 평의회와 공동 결정 제도(독일), 노동회의소 제도(오스트리아), 사회적 대화(네덜란드), 단체협약 효력 확장 제도(프랑스) 등을 결합하여 노동자들을 두텁게 보호하고 온전한 노사 관계를 형성해 온 것이다.

노사 관계의 유형은 영미형, 유럽형으로 나뉘며 유럽 내에서도 스웨덴과 같은 북유럽 조합주의 모델, 오스트리아와 같은 사회적 파트너십 모델 등 서로 미세한 차이가 있다. 또한 기업별 교섭 중심의 미국이나 일본 모델은 그 성격이 판이하게 다르다. 이처럼 나라마다 고유한 역사적 전통과 정치사회적 토양 위에서 형성된 각국 나름의 고유한 모델을 가지고 있다.

그러나 한국형 노사 관계의 모델은 아직 없다고 할 수 있다. 과거와 같이 정부 주도의 압축적 고도 성장기의 결과물인 노동 배제적 노사관으로는 앞으로 나아갈 수는 없다. 세계 10위권을 넘보는 경제 선진국으로서, 우리 실정에 맞는 한국형 노사 관계 모델이 필요하다. 노사가 중심이 되는 10+90, 두 가지 시스템이 병존하는 총노동 대 총자본의 노사 관계를 구축해야 한다. 현재의 노-경총 시스템과 새로운 노동회의소 시스템의 두 가지 제도가 병존하는 한국적 중앙 노사 관계 모델을 완성해야 한다.

현재 한국의 노사 관계가 당면한 과제는 10% 노사 관계의 일부 양적 조정이나 개선으로는 해결되기 어렵다. 노동회의소는 90%를 포함한 전체 노사 관계의 시각에서 제시된 것이다. 상호보완적 관계로서 10+90의 총노동을 완성시키자는 것이다.

한국에서 단기간에 이런 모델을 실현할 수 있을까 우려할 수 있지만, 유럽 노동회의소의 성취는 우리에 비해 조직률이 훨씬 높고 강력한 산별노조가 존재하는 상황에서 이뤄 낸 모델이라는 점에서 대안에 대한 풍부한 상상력을 발휘할 필요가 있다. **(2부 Q&A 45~48 / 165~174쪽 참조)**

3

노동회의소:
10+90%를 위한 상상력

노동회의소,
중층적 노사 관계를 위한 시도

노동회의소를 도입해 만들려는 것은 중층적(multi-layered) 노사 관계이다. 사전을 찾아보면 '중층적'(重層的)이란 '여러 겹으로 겹친 상태로 된 것'이라는 뜻이다. 유럽 선진국의 노사 관계는 대체로 중층적이다. 기초 단위라 할 수 있는 기업이나 작업장 수준뿐 아니라, 산업(또는 지역, 부문) 수준, 그리고 국가 수준 등 단체교섭이 여러 겹에서 진행되어 노동조건과 정책이 결정된다.

글로벌 시각(특히 유럽형 노사 관계의 시각)에서 노사 관계란 기업—산업(부문)—국가 단위의 중층적 노사 관계를 아울러 지칭하는 개념이다. 반면 우리나라에는 오직 기업별 단체교섭만 존재한다. 중층이 아니라 단층(單層) 즉 '하나로만 이루어진 층'의 교섭 구조인 것이다. 기업 내에서 해결할 수 있는 문제만을 대상으로 교섭이 이루어지고, 적용 대상도 기업 내 정규직 노동자들인, 초보적이고 원시적인 노사 관계이다. 물론 산별노조라는 명칭을 단 노조도 있고, 중앙 단위 사회적 대화를 표방하는 경사노위도 있지만 교섭이 없기 때문에 실질적인 기능과 역할도 없다. 이런 의미에서 우리나라에는 '(중층적) 노사 관계가 없다'고 평가하는 것이다.

유럽에서 교섭이 중층적으로 진행되는 이유는 각 수준의 교섭에서 다뤄지는 협상의 내용이 다르고, 교섭 결과로 맺어지는 협약의 적용 대상도 다르기 때문이다. 유럽 안에서도 나라에 따라 (중층적이라는 점에서는 동일하지만) 어느 것이 지배적인 교섭 단위인지에 대해서는 차이가 있다. 또한 독일과 같이 기업 단위에서는 종업원 평의회, 산업 단위에서는 산별노조, 중앙(국가) 단위에서는 노총이라는 노동자 조직이 각각의 교섭과 노사 관계를 담당하는 반면, 오스트리아처럼 (중앙과 지역 단위의) 노동회의소 조직이 추가로 존재하여 시너지 효과를 내는 곳도 있다.

어쨌든 노동회의소 제도를 도입하여 내용이 꽉 찬 중층적 노사 관계를 실현함으로써 노동자들의 삶의 조건을 포괄적으로 보호하고 노사문제 전반을 올바로 해결하자는 것이다. (2부 Q&A 8 / 64~65쪽 참조)

**노동계가 주도한
노동회의소의 역사**

외국에서의 노동회의소 설립은 노동계가 주도해 왔다. 노동회의소 제도는 국가 단위에서는 오스트리아와 룩셈부르크가, 지역 차원에서는 독일의 브레멘 주와 자를란트 주 그리고 이탈리아 북부 지방에서 운영되고 있다. 이 제도는 제1차 세계대전 직후인 1920년 대부터 설립되기 시작하여 1930년대 나치 통치하에서 해체되는 시련을 겪은 뒤 제2차 세계대전 종전 이후 부활하는 등 약 1백 년의 역사를 갖고 있다.

오스트리아에서 노동회의소의 역사는 19세기 중반으로까지 거슬러 올라간다. 1848년에 사용자들을 대변하는 상업 및 영업회의소가 설립되었는데, 이에 사회민주당은 1860년대부터 정치·사회적으로 노사에게 대등한 조건을 만들기 위해 노동자들을 대변하는 노동회의소 설립을 추진했다.

이후 오스트리아 노동회의소의 설립은 노동조합 특히 오스트리아 노총에 의해 주도되었다. 오스트리아 노조는 초기에는 이를 반대했으나 점차 독립적이고 투명한 노동회의소 건설로 방향을 전환했으며, 사회민주당이 집권에 성공하여 제1공화국이 수립된 1920년 노동회의소 설립법이 통과되는 데 앞장섰다. 노조가 초기에 반대한 이유는 국가적으로 민주주의가 부재했고, 노조가 설립 단계에 있는 상황에서 자체적인 영향력이 미미한 가운데 노동회의소가 만들어진다면 노조의 발전이 제약될 수 있다고 보았기 때문이다. 노조가 반대 의견을 거두고 제시한 조건은 노동회의소가 국가로부터 독립된 기구여야 한다는 것과, 노조의 직접적인 영향력 아래에서 노조와 투명하게 역할을 분담토록 한다는 것이었다.

이후 1백여 년 동안 노동조합과 노동회의소는 서로 대체적인 관계가 아닌 보완적인 관계에서 노동자의 권익을 좀 더 종합적으로 대변하기 위해 서로를 필요로 하는 관계로 발전해 왔다. 이와 관련해 오스트리아 노총은 노동회의소를 필요로 하는 이유를 6가지로 정리하고 있다. ① 노동회의소는 전문가로 구성된 노동자 싱크 탱크로 노조의 조력자 역할을 수행한다는 점, ② 소비자 보호, 법률 자문, 교육 등으로 노총에 전폭적 지원을 한다는 점, ③ 파업이나 시위 같은 투쟁 조직에도 도움을 준다는 점, ④ 종업원 평의회와 직장 평의회(공공 부문)의 지원자 역할을 수행한다는 점, ⑤ 공공 부문 노동자들을 특화해 보다 효율적으로 대변한다는 점, ⑥ 노조가 주도하는 단체협약 체결에 도움을 준다는 점 등이다. (2부 Q&A 22, 26 / 94~95, 103~114쪽 참조)

노동회의소는
파트너 있는 노사 관계 시스템

오스트리아 노동회의소의 대화 파트너는 오스트리아 경제회의소이다. 노동회의소에 모든 노동자가 가입해 있듯이, 경제회의소에도 모든 사용자들이 가입해 있다. 두 회의소가 노총, 농업회의소와 함께 주체가 되어 오스트리아 사회경제 문제의 주요 사안에 대한 책임 있는 사회적 대화를 담당한다. 이 시스템을 통해 단체협약 98% 적용 등 두터운 노동자 보호 장치를 구현하고, 다양한 사회적 갈등을 해결하며, 사회경제적 변화에 대한 공동 대응책을 발 빠르게 마련했다.

우리나라에서 노동회의소 제도가 도입될 경우 마땅히 파트너로서 경제회의소가 있어야 한다. 현재의 대한상공회의소가 대표성을 갖춘 사용자단체로서 거듭나도 되고, 새로운 경제회의소를 만들어도 될 것이다.

물론 현재의 노-경총 대화 시스템은 그대로 유지되겠지만, 노동회의소와 경제회의소가 노-경총과 긴밀한 협력 관계를 형성하면서 이를 보완하는 역할을 할 수 있을 것이다. **(2부 Q&A 20, 44 / 89~90, 163~165쪽 참조)**

전문가 중심의
노동회의소

오스트리아에는 두 개의 조직이 노동자의 권익을 대변하고 있다. 하나는 활동가 중심의 노동조합이고, 다른 하나는 전문가 중심의 노동회의소이다.

인구 9백만 규모의 오스트리아 노동회의소에는 약 2천7백 명이 일하고 있는데 이들 중 다수는 법률가, 노동 전문가, 조세 전문가, 경제 전문가, 소비자 보호·복지·교육 전문가 등 각 분야 전문가들이다. 파트너인 경제회의소에도 수천 명의 전문가들이 포진해 있다.

우리나라에 노동회의소 제도를 도입할 경우 오스트리아보다 더많은 전문가가 필요할 것이다. 현재 노조 전임자 수가 전체의 10%

한국형 노동회의소 설립 제안

· 회원의 자격과 가입 절차

근로기준법에 따른 노동자, 특수 형태 근로 종사자, 구직 의사와 능력이 있음에도 취업을 하지 못한 자, 즉 실업자 등 모든 노동자에게 회원이 될 자격을 부여한다. 다만 국가공무원법에 따른 공무원, 농어업 종사자 등은 제외된다. 이 점은 오스트리아 등 외국의 경우도 같다. 노동회의소에 가입을 희망하는 노동자는 지역 노동회의소에 가입 신청을 하고, 지역 노동회의소의 승인을 받음으로써 회원이 된다. 회원이 되면 정관이 정하는 바에 따라 회비를 납부하고 노동회의소가 하는 사업에 참여하고 운영 시설을 이용할 수 있는 권리를 가진다.

· 의무 가입 vs 임의 가입

오스트리아 등 해외 노동회의소의 경우 회원 자격이 있는 모든 노동자는 의무적으로 가입해야 한다. 노동자가 직장에 취직해 사회보험에 등록할 때 노동회의소에 동시에 회원으로 등록되고, 월 회비도 사회보험료와 함께 공제된다. 의무 가입 제도에 대해 위헌 논란이 제기된 적이 있지만, 2008년 헌법 개정 당시 근거 조항을 신설하여 현재는 더 이상의 논란이 없다.

원칙적으로 의무 가입이 바람직하다. 처지가 열악한 노동자까지 모두 포괄하기 위해서도, 재정 자립을 위해서도 그렇다. 다만 우리나라에서 의무 가입 제도를 채택할 경우 헌법상의 결사의 자유와 충돌한다는 위헌 논란이 제기될 수 있는 점은 부담이다. 위헌 논란으로 말미암아 관련 법안이 장기간 표류할 가능성을 배제할 수 없다. 이런 현실을 감안하여 우선 임의 가입 방식으로 노동회의소 제도를 도입한 뒤, 헌법을 적극적으로 해석하거나, 개헌 시 관련 조항의 충돌을 해소하여 의무 가입 제도로 전환하는 단계적인 접근이 필요할 수 있다.

· 재정

재정은 원칙적으로 회비로 충당하는 것이 맞다. 외국처럼 의무 가입일 경우 모든 노동자가 회원이므로 재정 문제를 크게 걱정할 게 없다. 그러나 임의 가입 방식으로 출발할 경우 회비만으로 운영이 여의치 않기 때문에 차선책이 필요하다. 노사가 공동 부담하는 고용보험 재원을 일부 활용하는 방안이 현실적이며, 장기적으로는 의무 가입을 통해 재정 자립을 이룰 수 있도록 해야 한다.

· 노동회의소가 하는 일

미조직 취약 계층 법률상담 및 권리 구제 지원	① 노동관계법, ② 사회보장 관련 법, ③ 직업병, ④ 채무 및 파산 상담, ⑤ 세금 및 금융 관련 상담, ⑥ 소비자 보호, ⑦ 직업교육
노조 및 노사협의회 활동 지원	① 활동에 필요한 연구 및 정보 제공, ② 간부 교육 아카데미
연구 사업	① 노동정책, ② 산업 정책, ③ 경제정책, ④ 복지 정책, ⑤ 소비자 보호 정책, ⑥ 남북 및 국제 관계, ⑦ 보고서 발간
법안 및 정책 검토와 의견 제안	국회, 정부, 지자체의 노동·사회·경제 중심 각종 법안·정책·사업 등에 대한 분석, 입장 표명, 의견 제안
사회적 대화 및 지원	노-경총 대화 시스템은 그대로 유지되는 가운데, 노와 사가 노-경총과 긴밀한 협력 관계를 형성하면서 이를 보완하는 역할
노사 공동 사업	① 일자리 창출 사업, ② 사회안전망 구축, ③ 직업훈련·취업·전직 지원, ④ 노사 공동 노동 교육, ⑤ 복지 제도 논의 및 공동 제안, ⑥ 사적 분쟁 조정, ⑦ 산별 교섭 지원

· 기관과 운영

각 지역마다 지역 노동회의소를 두고 이를 대표하는 중앙 노동회의소를 둔다. 의결기관으로 대의원 총회와 집행기관으로 상임위원회 및 사무국을 둔다. 지역 노동회의소의 대의원은 회원의 직접·비밀·무기명 투표를 통해 선출하며, 중앙 노동회의소의 대의원은 지역 노동회의소에서 선출한다.

· 노동회의소의 기대 효과

90%의 미조직 노동자들을 대변하고, 이들의 권익을 보호하는 데 큰 도움이 될 것이다. 헌법이 보장한 노동조합 활동에 참여하지 못하고 있는 사회적 약자들의 대변자 기능을 제대로 할 수 있다면 우리 사회의 가장 큰 문제인 사회적 불평등을 개선하는 데 기여할 것이다. 전문가 중심의 활동을 통해 노동문제는 물론 사회경제 분야의 현안을 연구하고 대안을 제시함으로써 노동자의 싱크 탱크로서의 역할을 강화해 기업 단위, 산업 단위, 중앙 단위에서 노동조합의 대응력을 높일 것이다. 무엇보다도 중앙 단위 노사 관계를 만들어 내고 노동, 일자리, 산업, 복지, 남북문제 등 분야별 사회적 현안에 대해 깊이 있는 논의와 대화를 가능하게 해 사회적 대화와 사회적 합의를 이끌어 내는 데 도움이 될 것이다. 4차 산업혁명이라는 시대적 변화의 물결 속에서 노동의 인간화라는 가치를 실현하고 새로운 직업훈련 등 발 빠른 대응을 선도할 것이다.

사업장 출신의 활동가임을 감안한다면, 90% 미조직 노동자를 대변하는 노동회의소에는 훨씬 많은 전문가가 필요할 것이다. 각 분야의 전문가들은 현재의 이슈, 미래의 방향, 외국과의 비교, 우리의 장단점 등을 연구·분석하고 대안을 만들어 사안에 따라 경제회의소와 합의를 추진하거나, 정부·정치권·노동계·재계에 제안하고 건의한다. 즉, 한국형 종합 싱크 탱크 역할을 하게 된다. (2부 Q&A 20, 25, 26, 41 / 89~90, 99~114, 156~157쪽 참조)

90% 노사 관계를 채우기 위한
현재의 시도

한국형 노동회의소의 도입은 중앙 노사 관계를 구축하려는 이전의 시도와 이름은 다르지만 90%의 비어 있는 노사 관계 공간을 채움으로써 총노동을 채우자는 점에서는 취지가 같다. 새로운 시스템을 만들어 10+90%의 노사 관계를 완성하자는 것이다.

서울시와 경기도에서 추진되고 있는 '서울형' '경기도형' 노동정책 또는 노동회의소의 도입처럼 강조점은 조금씩 다르지만 10% 노사 관계 시스템의 한계를 극복하기 위한 소중한 시도가 현재에도 이루어지고 있다. 중앙의 노동회의소는 90%를 다 채우자는 것이라면, 광역 단위의 시도에서는 일부, 예컨대 20~30%가 채워지는 정도의 차이가 있을 것이다.

비정규직 상담 센터, 복지센터, 공익재단, 노동공제회 등 노동조합과 시민단체 수준의 다양한 시도도 있다. 이 같은 노력도 90%를 대변하는 권익 기구와 노사 관계를 만들어 총노동을 포괄하자는 취지에서는 같다. (2부 Q&A 29, 34 / 124~126, 136~140쪽 참조)

노동회의소에 대한
선입견과 무관심, 오해와 반대

노동계 일각에서는 한국형 노동회의소를 도입하자는 제안에 대해 현재의 노사 관계를 없애고 전혀 새로운 노사 관계를 만들자는 것으로 오해하기도 한다. 그렇지 않다. 피땀으로 일궈 낸 민주화와 노동운동의 성과나 질서를 훼손하거나 흔들자는 것이 아니라 성과는 살리되 부족한 부분을 채울 새로운 노사 관계 시스템, 즉 '90% 미조직 취약 계층을 대변할 총노동 대 총자본의 노사 관계를 구축' 함으로써 보완하자는 것이다. 현재 활동가 중심의 10% 노사 관계 시스템, 여기에 전문가 중심의 90% 노사 관계 시스템을 더하여 총노동 대 총자본의 노사 관계를 완성시키자는 것이다.

정치권에서 노사 관계를 보는 시각은 시혜적이고 온정적 차원에 머물러 있거나, 심지어 기업의 편에서 노동을 배제하는 태도도 여전하다. 선거 때가 되면 노동자를 보호하고 노사 관계를 개선하겠다고 공약하지만 선거 후에는 잘 지키지 않거나 심지어 정반대의 정책을 펴기도 한다.

한국형 노동회의소 설치가 현 정부의 대선 공약임에도, 정부 안에는 여전히 반대가 존재한다. 재원 문제 때문이다. 새로운 시스템에 필요한 재원을 고용보험에서 일부 사용하자는 데 대해, 기획재정부나 고용노동부에서 우려하고 있는 것이다. 현재 고용보험기금 지출 규모는 2018년 결산 기준으로 연간 18조 원인데, 그중 2~3조 원 정도를 노동회의소 운영에 투입하자는 것이 우리의 제안이다. 물론 구체적인 재정 설계를 통해 충분히 방안을 찾을 수 있을 것이라 판단된다.

노동회의소에 대한 학계의 관심도 매우 부족한 실정이다. 최근 20여 년간 노사 관계의 주요 초점은 산별노조와 산별 교섭의 도입 문제였다고 할 수 있고, 학계에서도 외국의 산업별 노사 관계를 소개하거나 도입 방안을 모색하는 연구가 상대적으로 많이 이루어졌다. 그러나 노동회의소 모델을 비롯해서 90% 미조직 중소 영세 업체 노동자들까지 포괄할 수 있는 노사 관계에 대한 선진국의 경험을 다룬 연구가 많지 않다. (2부 Q&A 30, 37~39, 43 / 126~130, 145~151, 160~163쪽 참조)

노사 관계의 변화가
사회 문화를 바꾼다

이해관계가 다른 노사 관계에 갈등이 없을 수는 없다. 다른 한편으로 노동자의 노동력과 사용자의 자본이 결합돼야 자본주의 경제가 돌아가기 때문에 노사는 서로를 필요로 한다.

우리나라는 반세기 만에 정부 주도의 압축적 고도성장을 이뤘지만 한편에서는 냉전 체제와 결합된 노동 배제적이고 전근대적인 노조관이 지배적이었다. 다른 한편에서는 이에 대한 끈질긴 저항이 이어졌으나 폭넓은 산업별 조직화와 사회경제정책 전반에 대한 개입으로 승화되지 못했다. 게다가 기업별 노조 시스템의 한계에 갇힌 활동가들은 자기 조합원의 이익만을 위해 투쟁할 수밖에 없었고, 그 결과 필요 이상의 대립과 갈등이 이어져 왔다.

노동조합의 발전에 앞장선 활동가들은 기업별 노조 체제의 그늘에서 미조직 취약 계층 노동자들까지 책임질 수 있는 정책적 역량을 갖추지 못한 채 기업 단위 분배 협상에 매몰되어 왔다. 더구나 이들은 사업장 내 노조 선거에서 좋은 평가를 받고 승리하기 위해 사업장 조합원의 이익만을 열심히 대변해야 하는 태생적 한계 때문에 투쟁적일 수밖에 없다.

현재 시스템상 합의 구조에서는 사업장 출신들이 자신의 의견보다는 사업장 내 각종 경제적 이익과 복합적으로 얽혀 있어 합의에 이르기 어렵다.

유럽의 노동회의소 모델처럼 전문가 중심의 노동자 권익 대변 시스템을 아울러 갖출 수 있다면, 기업별 분배 이슈를 뛰어넘어 전체 노동문제, 일자리, 산업 경제정책, 복지 등 사회경제적 현안을 대화로 책임 있게 풀어 나갈 수 있을 것이다. 그 영향으로 노사 관계의 문화도 바뀔 것이고 그것이 정치나 기타 부문에 긍정적으로 작용할 것이다.

노사문제는 자본주의 산업사회의 가장 큰 사회적 갈등이다. 사회적 빈부 격차와 양극화의 핵심 요인이 노사문제인 만큼 노사 관계가 원만해지면 빈부 갈등 요인도 그만큼 줄일 수 있을 것이다. 나아가 우리 사회 각 분야에 존재하는 갈등 요인들도 원만하게 해결하는 사회적 문화적 분위기를 만드는 데도 큰 도움이 될 것이다. 말로만이 아니라 실질적이고 내용적으로 대화와 상생의 사회 문화를 만드는 데 도움이 될 것이다. (2부 Q&A 48 / 172~174쪽 참조)

2부

문답 Q&A 으로
풀어 보는
한국형 노동회의소

1

노사 관계의
현주소

노사 관계란 무엇인가?

인간은 다른 사람과 지속적인 상호 작용을 통해 여러 사회적 관계를 맺으며 살아간다. 노사 관계란 자본주의사회를 구성하는 대표적인 두 집단인 노동자와 사용자(자본가)가 맺게 되는 사회적 관계를 말한다. 여기에 각종 정책을 통해 노사 관계에 영향을 미치는 정부를 포함하면 노사정 관계로 확대된다.

노동자의 노동력과 사용자의 자본이 결합돼야 기업이 가동되고 자본주의 경제가 돌아가기 때문에 노와 사는 서로를 필요로 하는 협력적 관계를 맺는다. 동시에 노동자는 정당한 임금과 대우를 받으려 하고, 사용자는 인건비를 가능한 한 적게 주려고 하기 때문에 긴장과 갈등을 피할 수 없는 대립적 관계이기도 하다.

따라서 노사 관계를 통해 현안이 되는 문제에 대해 대화와 협상을 진행함으로써 이견을 조율하고 그 결과를 담은 협약을 맺어 적용해 갈등 요인을 줄이고 안정적인 관계를 유지하는 것이 필요하다.

중앙 단위 노사 관계란 무엇이고 왜 중요한가?

노사 관계는 노사 당사자의 참여 범위와 의제의 수준에 따라 중앙 단위, 산업별, 기업별 노사 관계로 구분된다.

총노동과 총자본의 중앙 단위 노사 관계에서는 그 나라 노사 전체를 대표하는 양측이 노사 관계 전반을 다룬다. 산업별 노사 관계는 해당 산업의 노동자를 대표하는 노조와 사용자단체 간에 임금과 노동시간을 비롯한 표준 근로조건 등 산업별 노사문제를, 기업별 노사 관계는 해당 기업이라는, 비교적 좁은 범위의 경제적 노사 문제를 다룬다.

어떤 노사 관계를 맺느냐 하는 문제는 그것에 따라 경제는 물론이고 전체 사회의 성격이나 발전 방향이 결정된다고 해도 될 만큼 중요하므로 선진국의 경우 바람직한 노사 관계를 형성하기 위해 오랫동안 머리를 맞대고 노력해 왔다. 바람직한 노사 관계를 위해서는 노사 현안을 가능한 한 폭넓게 다룰 수 있어야 하고, 대화와 협상의 과정이 효율적이어야 하며, 협상의 결과를 담은 협약이 폭넓게 적용될 수 있어야 한다.

중앙 단위 및 산업별 노사 관계가 발달할수록 다룰 수 있는 의제가 광범위하고 노사 모두 조직률이 높으며, 협상을 통해 노사 간에 체결하는 협약의 적용 대상도 넓기 때문에 노사 관계가 안정적이고 노동자 보호의 범위도 넓다고 할 수 있다.

| 표 1 | 노사 관계의 수준별 특징

노사 관계	교섭/협의	교섭 당사자	의제	적용 범위
중앙 단위	사회적 대화	총노동 vs 총자본 (vs 정부)	노동·경제·복지 정책 전반	전체 노동자 및 사용자
산업별	산업별 교섭	산업별 노조 vs 산업별 사용자단체	산업별 임금 및 단체협약, 기타 협약	해당 산업
기업별	기업별 교섭	기업별 노동조직 vs 기업	기업별 임금 및 단체협약, 기타 협약	해당 기업

Q&A **3**

중앙 단위 노사 관계가 다루는 이슈의 범위가 넓은 이유는?

우리나라 노사 관계는 분배 이슈 중심으로만, 그것도 전체 노동자의 10%만 포괄하는 기업 단위에서만 작동되고 있다. 기업 내의 임금·복지 등 분배 협상에 국한된 노사 관계로는 노사 간 포괄적 대화를 통해 사회 변화에 제대로 대응할 수 없고, 노동자의 삶을 폭넓게 개선할 수도 없다.

　유럽 등 선진국의 경우 농경 사회로부터 산업사회로 전환되는 과정에서 중앙 단위 노사 간 대화를 통해 사회적 문제를 다루고 접점을 찾으면서 사회 변화에 대응해 왔다. 이 사회적 대화가 가장 관심을 갖는 영역은 당연히 노동력 상품이 거래되는 시장, 즉 노동시장이며, 이와 관련된 노동정책과 고용정책을 주요 의제로 다룬다.

　그러나 자본주의 경제에서 (노동력과 같은 생산요소의 거래가 이루어지는) 생산요소 시장은 (재화와 서비스의 거래가 이루어지는) 생산물 시장과 동전의 양면을 이룬다. 따라서 생산물 시장을 다루는 산업·경제정책과 분리해 노동·고용정책을 다루는 것은 실효성이 있을 수 없다. 그렇기 때문에 선진국의 경우 중앙 단위 사회적 대화에서 노동·고용정책뿐만 아니라 산업·경제정책, 나아가 필요할 경우 여기에 직간접적 영향을 미치는 분야의 정책도 포괄적으로 다뤄 온 것이다.

　한편 시장에서의 거래는 생산의 주체인 기업, 소비의 주체인 가계만이 아니라, 조세를 징수하고 공공재를 공급하는 정부, 그리고 수출입을 통한 무역 활동의 주체인 외국 등 모든 경제주체들 사이에서 이루어진다. 따라서 사회경제 활동과 밀접하게 연관된 정부의 조세정책이나 재정 정책, 외국과의 경제문제도 자연스럽게 사회적 대화의 범위에 포괄될 수밖에 없다.

　예를 들면 오스트리아 노동회의소가 2018년도 사회적 대화 영역에서 활동한 내역 중 관련 법률 검토를 거쳐 정부와 의회에 제출한 공식 의견서는 모두 910건에 달하는데, 그 영역이 경제, 사회, 노동법, 기업 경영, 교육 문화 및 소비자 정책 등 광범위하다. 경제정책의 경우 유럽연합과 국제 관계, 조세법, 환경, 교통, 일반 경제정책, 경제통계 등 6개 세부 영역별로 대응했다. 사회정책의 경우에도 건강과 노동, 사회정책, 여성과 가족, 노동시장, 사회보장, 견습생 및 청소년 보호 등 6개 세부 영역별로 대응했다. 이처럼 노동회의소가 전문적으로 대응할 수 있는 것은 2천여 명의 전문가 중심으로 조직이 운영되고 있기 때문이다.

최근 우리나라 경제는 남북 관계나 한일 관계의 변화에 매우 밀접한 영향을 받고 있다. 만약 제대로 된 중앙 단위 사회적 대화가 있다면 남북 관계의 발전을 위한 경제정책 방향이나, 한일 관계의 악화에 따른 경제 대책도 중요한 의제로 다뤄졌을 것이다.

이처럼 사회적 대화에서 다루는 의제는 기업별 노사 관계에서 다루고 있는 기업 내 분배 문제에 국한되지 않는다. 다수 한국인의 삶과 생애에 연관된 포괄적 사회경제 정책 전반을 다루며, 정부의 산업 경제정책뿐만 아니라 재정 정책이나 복지 정책, 남북 관계나 대외관계와 연관된 경제정책까지를 포괄하게 된다. 그런 만큼 이를 충분히 뒷받침할 수 있는 전문가 집단의 역할, 노사 관계 시스템의 정비가 이뤄져야 한다.

노사 관계에는 어떤 유형이 있는가?

노사 관계의 유형은 전통적으로 영국과 미국으로 대표되는 영미형, 스웨덴과 독일 등 북서 유럽 국가들로 대표되는 유럽형으로 구분한다.

두 모델을 구분 짓는 가장 큰 특징은 교섭 구조이다. 영미형에는 산업 또는 중앙 단위 노사 관계 없이 기업별 노사 관계만 존재하는 반면, 유럽형에는 산업 또는 중앙 단위 노사 관계가 매우 발달해 있다. 영미형은 노사 관계의 신자유주의 모델로, 유럽형은 사회적 조합주의 모델로 부르기도 한다.

영미형은 영국과 미국에서 전형적으로 나타나는데 한국과 일본의 노사 관계도 영미형 모델의 특성을 강하게 띠고 있다. 다만 일본 노사 관계가 갖는 유럽형 조정 장치 요소에 주목해 별도의 일본형 모델로 분류하기도 한다.

유럽형은 다시 세부적으로 게르만 유럽 모델(독일과 북서 유럽 '독일어권': 독일·덴마크·노르웨이·스웨덴·핀란드·네덜란드·벨기에·오스트리아·스위스)과 라틴 유럽 모델(프랑스와 남유럽 '로마어권': 이탈리아·프랑스·스페인·포르투갈·그리스)로 나누거나 노르딕 모델(북부 유럽 '조합주의': 스웨덴·핀란드·덴마크·노르웨이), 라인란트 모델(중부 유럽 '사회적 파트너십': 오스트리아·독일·스위스·벨기에·네덜란드), 라틴 모델(남부 유럽 '갈등주의': 이탈리아·스페인·포르투갈·그리스)로 구분하기도 한다.

노사 관계의 유형별 주요 특징은?

영미형 노사 관계 모델은 기업별 교섭 체제에 뿌리를 두고 있다. 단, 교섭 형태를 기업별에 두고 있다는 것이고, 조직 형태는 기업별 체제가 아니다. 기업별 노조의 조직 형태는 일본과 한국에만 존재한다고 할 수 있다. 영미형에서는 노사 협약이 기업을 중심으로 체결되고 전 산업으로 확대 적용되지 않는 것이 특징이다. 따라서 노조 조직률과 협약 적용률이 거의 일치하면서 매우 낮으며 그만큼 노동시장에 대한 영향력이 제한된다. 지역·산업·국가 차원에서 노사정 간 사회적 교섭이나 협의가 거의 이루어지지 않는 것이 일반적이다. 영미형 노사 관계는 노동 배제적 성격이 강하고, 노동시장에 대한 제도적 개입을 최소화하며 시장의 유연성이 최대한 보장된다.

유럽형 노사 관계 모델은 정도의 차이는 있지만 강한 산별 노조 체계를 기반으로 노사 협약이 산업 단위로 체결되고 협약 적용률이 매우 높은 것이 특징이다. 또한 정부가 노동·사회·경제정책을 만들고 집행할 때 노사의 중앙 단체가 공식적으로 참여해 노사의 이해 조정과 국가적인 차원의 공동선을 추가하는 '사회조합주의적 정책 협의'가 이루어진다. 그만큼 노동조합이 정부 정책이나 노동시장에 대한 영향력을 폭넓게 행사하며, 노동 세력이 정부 정책 결정과 집행 과정에서 파트너로 참여하기 때문에 노동 배제적 성격이 약하다.

외국의 산업화와 노사 관계 형성 과정은 어떠했는가?

선진 외국의 노사 관계가 형성된 것은 농경 사회에서 산업사회로 전환되던 2백여 년 전 1차 산업혁명으로 거슬러 올라간다. 산업화 과정은 증기기관 기반의 기계화 혁명이라 불리는 1차 산업혁명, 전기에너지 기반의 대량 생산 혁명(2차 산업혁명), 컴퓨터 기반의 지식 정보 혁명(3차 산업혁명)으로 이어지는 기술의 획기적 발전 과정이었다. 동시에 자본주의가 발달함에 따라 부와 기술이 축적되면서, 신분 사회가 붕괴되고 민주주의와 인권이 중요한 가치로 자리 잡게 되는 경제적·사회적 변화의 과정이었다.

선진국에서는 이 같은 변화를 노사가 주도했다는 점을 눈여겨봐야 한다. 이전까지 대부분의 나라에서 사회 지배계급은 왕과 귀족이었지만 이들이 산업화 과정에서 발생한 경제문제와 사회문제를 해결하기에는 역부족이었다. 산업화가 진전될수록 기존 지배계급의 위상은 점점 왜소해졌고, 새롭게 등장한 사회의 중심 세력인 자본가와 노동자 계급, 즉 노사의 목소리가 높아졌다.

산업화는 경제의 급격한 변화이자 동시에 사회의 거대한 변화였다. 그 변화를 피부로 민감하게 느꼈던 기업과 노동자 양측의 필요 때문에, 중앙 단위에서 노·사 대표가 해답을 찾기 위해 상시 대화하고 노력하는 시스템을 구축해 왔다. 그 결과, 나라마다 다른 산업환경과 노동환경을 배경으로 고유하고 독자적인 중앙 단위 노사 모델(사회적 대화 시스템)을 구축했고, 정부는 노·사 공동의 제안과 요구에 맞는 지원과 국가 경쟁력 차원의 정부 정책으로 이를 뒷받침해 왔다. 이런 과정들은 경제 부문만이 아니라 시민사회의 핵심 가치인 민주주의와 인권을 정착·발전시키는 중요한 기제로도 작동했다.

이에 따라 네덜란드 모델, 독일 모델, 스웨덴 모델, 영국 또는 미국 모델 등 저마다 독특한 각 나라의 노사 관계 시스템이 만들어졌다. 노사 관계 시스템을 구축하는 데에는 노동조합 활동가만이 아니라 전문가들의 역할이 매우 컸다. 예컨대 19세기 말 스웨덴 노동조합 전국 조직(LO)과 사회민주노동자당을 결성하고, 1917년부터 집권당의 재무장관과 총리를 지내면서 스웨덴의 독특한 노사 관계와 복지국가 모델을 만들어 낸 칼 얄마르 브란팅은 특정 사업장에 적을 두지 않은 전문가 출신의 노총 위원장이었다. 1982년 네덜란드노총 사무총장으로서 사용자단체와 바세나르 협약 체결을 주도했던 빔 코크 역시 이후 노동당 대표와 내각의 재무장관, 총리까지역임하며 네덜란드 모델이라 불리는 노사 주도의 중앙 단위 노사관계 시스템(SER)을 정착시킨 인물이지만 특정 사업장에 적을 두지 않은 전문가 출신의 노총 위원장이었다.

4차 산업혁명 시대에 대한 대응도 주목할 만하다. 산업화 과정에서 노사가 주도적으로 중앙 단위 사회적 대화 시스템을 구축하고 민주주의와 인권의 사회적 가치를 발전시켜 온 선진국에서는 4차 산업혁명에 따른 산업 변화에 대해 노사가 주도적으로 신속하게 노사 관계 시스템을 통해 대응하고 있다. 독일의 경우 기술적 혁신을 의미하는 '산업4.0'과 함께 노동의 인간화를 목표로 하는 '노동

4.0'을 동시에 추진하고 있고, 다른 선진국들 역시 노사 관계 시스템을 통해 노사가 주도하는 4차 산업혁명을 추진하기 위해 활발하게 움직이고 있다. 1·2·3차 산업혁명의 경험이 있었기 때문에 4차 산업혁명의 대응에도 노사가 참여하는 것은 당연한 일인 것이다.

Q&A 7
한국과 경제 수준이 비슷한 OECD 가맹 국가들의
노사 관계 현황은?

나라마다 노사 관계는 다양하지만 노동조합 조직률과 단체협약 적용률이 높을수록, 교섭 구조가 집중되어 있을수록, 교섭 조정 수준이 높을수록, 사회적 불평등을 완화하는 데 기여한다는 것이 일반적인 이론이다.

이 가운데 가장 주목해서 봐야 할 점은 노사 관계의 결과가 미치는 효과의 범위, 즉 협약 적용률이라고 할 수 있다. 왜냐하면 노사가 애써 맺은 협약이 가능한 한 많은 영역에서 적용돼야 효과가 크고 노사 관계도 안정적이기 때문이다. 나아가 협약의 혜택을 받게 되는 노동자의 수가 많아야 상대적으로 노동조건이 열악한, 사회적 약자에 속하는 노동자들에 대한 보호도 두텁게 할 수 있어 노동조건의 격차와 사회적 불평등을 완화할 수 있기 때문이다.

〈표 2〉는 한국과 경제 수준이 비슷한 국가들이 가입한 경제협력개발기구(OECD) 주요 회원국을 대상으로 단체협약 적용률과 단체

| 표 2 | OECD 주요 국가별 단체협약 적용률, 단체교섭 시스템, 노사 단체 조직률(단위: %)

국가	단체협약 적용률	지배적인 단체교섭 수준	세부적인 단체교섭 수준*			노사 단체의 집중도/조정도		노동조합 조직률	사용자 단체 조직률
			A	B	C	집중도	조정도		
프랑스	98.5	산업별	26	47	27	집중화	낮음	7.9	75.0
오스트리아	98.0	산업별	3	10	87	조직화된 분권화	높음	26.9	100.0
벨기에	96.0	산업별/ 국가별	6	38	56	집중화	높음	54.2	82.0
아이슬란드	90.0	산업별	11	33	56	집중화	없음	90.4	65.0
스웨덴	90.0	산업별	2	41	57	조직화된 분권화	높음	66.7	83.0
핀란드	89.3	산업별/ 국가별	3	14	83	집중화	높음	64.6	69.8
덴마크	84.0	산업별	18	47	35	조직화된 분권화	높음	67.2	66.0
이탈리아	80.0	산업별	3	17	80	집중화	낮음	34.4	56.0
네덜란드	78.6	산업별	28	29	43	조직화된 분권화	높음	17.3	85.0
스페인	73.1	산업별	13	22	65	조직화된 분권화	낮음	13.9	75.0
포르투갈	72.3	산업별	6	24	70	집중화	낮음	16.1	38.0
노르웨이	67.0	산업별	0	0	100	조직화된 분권화	높음	52.5	65.0
슬로베니아	65.0	산업별	35	39	25	집중화	없음	19.6	56.0
독일	56.0	산업별	24	28	48	조직화된 분권화	높음	17.0	58.0

* 세부적인 단체교섭 수준: A 기업에서만 B 기업과 상위 수준 모두에서 C 상위 수준에서만

국가	단체협약 적용률	지배적인 단체교섭 수준	세부적인 단체교섭 수준*			노사 단체의 집중도/조정도		노동조합 조직률	사용자 단체 조직률
			A	B	C	집중도	조정도		
룩셈부르크	55.0	산업별/기업별	26	40	34	분권화	없음	34.1	80.0
스위스	49.2	산업별	25	0	75	조직화된 분권화	높음	15.7	-
체코	46.3	기업별	77	16	7	분권화	없음	10.5	64.0
그리스	40.0	산업별/기업별	14	26	60	분권화	없음	20.2	43.7
아일랜드	33.5	기업별	20	33	47	분권화	없음	23.3	60.0
영국	26.3	기업별	37	38	25	분권화	없음	23.5	35.0
슬로바키아	24.4	산업별/기업별	69	23	8	분권화	없음	10.9	35.6
헝가리	22.8	기업별	49	23	28	분권화	없음	8.5	40.0
칠레	20.9	기업별	100	0	0	분권화	없음	17.7	-
일본	16.7	기업별	100	0	0	분권화	높음	17.3	-
뉴질랜드	15.9	기업별	100	0	0	분권화	없음	17.7	-
미국	12.0	기업별	100	0	0	분권화	없음	10.3	-
한국	11.8	기업별	100	0	0	분권화	없음	10.1	15.2
터키	7.0	기업별	30	46	24	분권화	없음	8.2	18.0

자료: OECD(2017; 2018).

주1. 2013~2016년 중 최근 년도 기준.

주2. 지배적인 단체교섭은 임금 및 노동조건이 주로 결정되는 수준과 교섭 방식 등을 말함. 산업·업종(sectoral), 기업(company), 산업·업종/기업, 산업·업종/국가(national)별 교섭으로 구별.

주3. 〈세부적인 단체교섭 수준〉 항목 중 '상위 수준' 교섭은 기업 단위 교섭을 제외한 산업·업종·국가 단위 교섭을 가리킴.

주4. 노사 단체의 집중도와 조정도: 노사 단체의 중앙 또는 산별 조직의 조직력과 대표성이 강한 정도(집중도), 지도력과 집행력 및 행동 통일의 정도(조정도)를 살펴보기 위한 OECD의 평가 지수.

교섭 시스템, 노사 단체 조직률을 정리한 것이다.

이에 따르면 프랑스(98.5%), 오스트리아(98.0%), 벨기에(96.0%) 등 단체협약 적용률이 높은 국가들은 산업별 및 중앙 단위 노사 관계가 발달해 주로 산업·업종별로 노사 단체교섭을 진행하거나, 산업·업종별 교섭을 바탕으로 국가별·기업별 교섭을 결합하고 있다. 그 결과 기업 단위 노사 협약만을 맺는 비율은 노르웨이 0%, 스웨덴 2%, 오스트리아·핀란드, 이탈리아 각 3% 등 매우 낮다.

또한 일부 예외를 제외하고는 노사 관계의 집중도와 조정도가 높아 노사 단체 중앙 조직의 조직력과 대표성이 강하고 중앙 조직의 지도력과 집행력, 행동 통일이 매우 잘 실현되고 있다. 노사 단체 조직률도 상대적으로 높다.

반면 터키(7.0%), 한국(11.8%), 미국(12.0%) 등 단체협약 적용률이 낮은 국가들은 기업별 노사 관계가 중심이 되고 있어 주로 기업별 교섭에 의존하며, 한국·미국·일본 등 5개국은 기업 단위 협약만 체결하고 있다. 노사 단체 중앙 조직의 조직력과 대표성이 약해 분권화되어 있고, 일본을 제외하고는 조정도가 없어 중앙 조직의 지도력과 집행력, 행동 통일도 취약하다. 노사 단체의 조직률도 상대적으로 낮다.

단체협약 적용률이 높은 국가일수록 (프랑스와 같은 극히 예외적인 국가를 제외하고) 상대적으로 노사 단체 조직률도 높다. 특히 노조 조직률보다 사용자단체 조직률이 높은 점이 단체협약 적용률을 높이는데 연관성이 큰 것으로 나타나고 있어 주목된다.

한국에는 '노사 관계가 존재하지 않는다'고 평가받는
이유는 무엇인가?

글로벌 시각(특히 유럽형 노사 관계의 시각)에서 노사 관계란 기업-산업(부문)-국가 단위의 중층적(multi-layered) 노사 관계를 아울러 지칭하는 개념이다. 따라서 10%의 기업별 노사 관계만 존재하는 한국에 대해 외국 노사 관계 전문가들은 '노사 관계가 없다'고 평가하기도 한다.

노사 관계가 '존재하지 않음'으로써 한국의 노동시장 분야 국가 경쟁력은 매우 후진적인 것으로 나타나고 있다. 2019년 세계경제포럼(WEF)과 국제경영개발대학원(IMD)이 평가한 국가 경쟁력 순위에서 한국은 종합 순위 각각 (141개국 중) 13위와 (63개국 중) 28위를 기록했지만, 노동시장 분야는 각각 51위와 36위에 머물렀다.

기업과 노동자의 관계는 주로 노동시장 영역에서 구현된다. 그런데 한국의 노사 관계는 전체의 10%밖에 포괄하지 못하는 데다, 대기업 정규직 중심의 기업 수준에서만, 그것도 분배의 영역에서만 형성되고 있다. 이에 따라 90%를 차지하는 노동자들은 노동시장 내 역학 관계에서 극히 열악한 지위로 내몰리고, 힘의 균형이 무너진 조건에서 노사 간 협력의 기반이 취약하며, 노동시장 내부의 격차로 인한 이동성도 제약될 수밖에 없다.

그 결과 세계경제포럼의 평가에서 보듯이 한국은 141개 국가 중 노동자의 권리는 93위, 노사 관계에서의 협력 지수는 130위, 내부

| 표 3 | 세부 평가 항목별 한국의 노동시장 국가 경쟁력 순위(2019년)

항목	순위	항목	순위
정리해고 비용	116	외국인 노동자 고용의 용이성	100
고용 및 해고 관행	102	내부 노동력의 이동성	70
노사 관계에 있어서의 협력	130	전문 경영에 대한 신뢰도	54
임금 결정의 유연성	84	급여와 생산성	14
적극적 노동정책	20	남성 대비 여성 노동자 비중	59
노동자의 권리	93	노동 세율	55

자료: WEF(2019).

노동력의 이동성은 70위를 기록하는 등 하위권의 국가경쟁력을 보이고 있다.

노사 간 역학 관계의 균형을 이룰 수 있는 법과 시스템이 갖춰지지 않아 사실상 노사 관계가 '존재하지 않는' 상황에서는 노동조합 활동가들이 애를 쓴다 하더라도 한계가 있을 수밖에 없다.

한국은 산업화 과정에서 왜
중앙 단위 노사 관계를 구축하지 못했는가?

선진국의 산업화가 2백여 년 동안의 과정이었다면, 한국의 산업화는 40~50여 년이라는 짧은 시간에 이루어져, 그야말로 압축적 고도 성장기를 지나왔다. 1962년부터 1981년까지 네 차례에 걸쳐 추진된 경제개발 5개년 계획에서 알 수 있듯이 산업화는 정부 주도로 이루어졌다. 정부의 산업·경제정책은 노동자를 배제하면서 사용주에게는 일방적으로 특혜를 베푸는 것이었다. 선진국과 같은, 노사 주도의 사회적 대화나 타협을 위한 중앙 단위 노사 관계 시스템은 존재하지 않았다.

그 결과 경제적 측면에서 부와 기술을 축적했지만 민주주의와 인권 등 중요한 사회적 가치들은 제대로 성숙되지 못했다. 이처럼 선진국에서는 1~3차 산업혁명을 겪으면서 노사의 역할과 노사 관계의 중요성이 높아졌지만, 한국에서는 노사가 배제된 채 노사 관계도 없이 정부 주도로 이루어졌다는 점에서 큰 차이가 있다. 무엇보다도 10% 수준의 낮은 노동조합 조직률과 낮은 단체협약 적용률, 90% 미조직 취약 계층의 권익을 대변할 수 있는 기구가 없어 사회적 양극화가 심각한 상황이다.

그동안의 추격형 시스템에서는 정부 주도의 기술력 축적이 어느 정도 가능했지만 선도형 시스템으로의 변화를 이끌기에는 역부족이었다. 더구나 4차 산업혁명 시대를 맞아 '5년이면 강산이 몇 번

바뀔 정도'로 변화의 속도가 놀랄 만큼 빨라지고 있지만, 과거처럼 정부 주도의 5개년 계획으로는 변화를 따라갈 수 없다.

그 결과 최근 들어 후발 주자들의 추격으로 입지가 크게 흔들리고 있다. 특히 중국과의 격차가 급격히 줄어들어, 2008년 한국과 중국의 기술 격차가 2.7년이었으나 10여 년이 지난 현재는 기술 격차가 거의 없는 것으로 평가된다. 기존 기술은 1~2년, 고급 기술은 3~5년 안에 기술 경쟁력을 상실할 수 있다는 우려가 크다.

Q&A 10
한국에는 왜 기업별 노사 관계만 존재하게 되었는가?

〈표 2〉에서 알 수 있듯이 한국의 단체교섭은 기업별 교섭이며 노사 협약도 기업별 협약만 존재한다. 노사 단체 중앙 조직의 조직력과 대표성이 취약하고 분권화되어 있기 때문에 임금, 노동조건, 노동정책 등 노사 관계의 주요 사안을 기업별 노조와 개별 기업주가 알아서 결정하는 구조이다. 〈표 2〉에서 조정도가 '없음'인 데서 알 수 있듯이 기업별 교섭에 따라 기업 간 임금과 노동조건의 격차가 커지는 것을 조정하기 위한 노사 중앙 조직의 조정 행위는 존재하지 않는다.

노사 단체의 조직률은 10%대로 매우 낮다. 단체협약 적용률도 사실상 노조 조직률과 같다. 따라서 노조가 없는 90%의 대다수 노동자는 노사 간에 체결된 임금, 노동조건 등에 관한 협약의 혜택을 누리지 못한다.

우리나라에 기업별 노사 관계만 존재하게 된 직접적인 이유는 노동조합이 기업별 조직 형태를 취하고 있기 때문이다. 아울러 노동자들이 산업 및 중앙 단위 노사 관계를 원해도 사용자 쪽에서 이를 수용하지 않기 때문이다. 국제적으로 통상 노동조합은 산별노조를 의미하며, 기업별 노조는 극히 예외적인 조직 형태이다. 비유하자면 기업별 노조는 노동운동의 역사에서 '돌연변이'라 할 수 있다. OECD 회원국 중에서도 노동조합을 주로 기업별 단위로 만들어 활동하는 국가는 한국과 일본 말고는 찾아보기 어렵다.

| 그림 1 | 한국의 노동시장과 노사 관계

노동시장	⟺	노사 관계
대기업 & 정규직 (10%)	⟺	기업별 노사 관계
중소 영세 업체 or 비정규직 (90%)	⟺	없음(배제)

자료: 김유선(2007)을 수정.

기업별 노사 관계만 존재하는 것이 왜 문제인가?

기업별 노사 관계에서는 다룰 수 있는 의제가 기업 내 경제적 이해관계로 제한되기 때문에, 기업의 수준을 넘어 산업 차원이나 국가 수준의 경제·사회적 문제에 대해 노사가 효율적으로 대응하기 어렵다. 노동시장과 국가 차원의 노동·경제·사회 정책에 대한 노사의 참여와 개입의 폭도 극히 제한된다.

한국의 경우 주로 대기업, 공공 부문, 정규직 중심으로 노조가 결성돼 있기 때문에 기업 내 경제적 이해관계 중에서도 노조에 가입돼 있지 않은 중소 영세기업, 비정규직, 특수 고용직, 실업 상태 노동자들의 임금 및 노동조건은 교섭에서 다뤄지기 어렵다. 노동자 중에서도 형편이 더 어려운 취약 계층이 배제될 가능성이 높은 것이다.

교섭과 노사 관계의 효율성 및 긍정적 영향력도 떨어진다. 2018년 기준 우리나라 노동조합 수는 5,868개, 조합원 수는 233만 명(노조당 평균 조합원 수 397명), 조직률은 11.8%이다. 단순화해서 말하면 임금이나 단체협약을 안건으로 매년 6천 개 안팎의 기업에서 각자 교섭을 진행한다. 따라서 노사 모두 교섭에 들어가는 인력·재정·시간 등 비용이 많이 들고, 교섭 결렬에 따른 갈등과 파업도 잦을 수밖에 없다. 평균 노조원 수가 397명에 불과하기 때문에 대기업 노조를 제외하고는 교섭 과정에서 동원할 수 있는 노조의 힘도 제한적이다. 이처럼 기업 중심의 노사 관계는 산업/중앙 노사 관계에 비해 교섭의 효율성이 떨어지고 갈등 요소를 키울 가능성이 높다.

기업별 노사 관계는 노동자 내부의 격차와 사회적 소득 격차를 완화하기 어렵다. 우리나라는 교섭도 기업별로 하고, 노조도 기업별로 조직하는 데다 노조와 사용자단체의 조직률도 10%대로 매우 낮다. 또한 프랑스 등 유럽 선진국의 경우처럼 단체협약을 확대 적용할 수 있는 법적·행정적 제도와 수단이 없다(프랑스는 노조 조직률은 7.9%지만 단체협약 확대 적용 제도를 시행해 협약 적용률이 98.5%에 달한다). 따라서 1년 또는 2년 단위로 체결되는 노사 협약은 노조원들에게만 적용되므로 단체협약 적용률도 노조 조직률과 사실상 같다. 이 같은 일이 여러 해 반복되면 노조가 있는 기업과 없는 기업 간에 임금이나 노동조건이 차별화되고 격차가 심해질 수 있다.

Q&A 12
한국 노동조합의 조직 현황은?

우리나라의 노조 조합원 규모는 2010년대에 들어 꾸준히 증가세를 유지하며 2018년 233.1만 명에 달했다. 하지만 노조 조직률은 1989년에 18.6%의 정점을 기록한 다음 계속 하락하다가 2003년 이후 10%대를 유지했으며, 2018년에는 11.8%를 기록했다. 2010년대에 조합원 규모가 지속적으로 늘어났지만 전체 임금노동자의 증가세를 따라잡지 못해 10~11%대에 머물러 있다.

노조 조직률은 정체되어 있는 가운데 주로 대기업, 정규직, 공공 부문, 남성에서 높은 조직률을 보이고 있고 노조원의 구성도 비슷한 양상을 나타낸다.

〈표 4〉에서 보듯이 전체 노동자의 77.6%를 차지하는 30명 미만의 영세기업과 30~99명 규모의 중소기업 노동자 가운데 각각 0.1%와 2.2%만이 노조에 가입한 반면, 300명 이상의 대기업 노동자들은 50.6%의 높은 조직률을 보인다.

| 표 4 | **사업체 규모별 조합원 비율**(2018년 기준, 단위: 명, %)

	30명 미만	30~99명	100~299명	300명 이상
임금 근로자 수	11,753,000	3,891,000	2,008,000	2,494,000
(구성비)	(58.3)	(19.3)	(10.0)	(12.4)
조합원 수	12,846	87,500	216,781	1,261,634
조직률	0.1	2.2	10.8	50.6

자료: 고용노동부(2019).

통계청의 경제활동인구조사 근로 형태별 부가조사(2018~2019년)에 따르면 임금노동자 중 여성의 비율은 44.3~44.6%이지만 2017년 말 기준 노조원 209만 명 중 여성은 49만 명으로 23.4%에 머물러 있다.

| 표 5 | 노조 유무별, 종업원 규모별 사업체 현황(단위: 개, %)

		전 규모	300명 미만				300명 이상	
			계	30명 미만	30~99명	100~299명	계	1000명 이상
조사 대상 사업체 수		1,565,473	1,562,733	1,506,349	46,185	10,199	2,740	483
노조 있음	사업체 수	71,506	70,000	55,532	10,193	4,275	1,506	321
	(비중)	(4.6)	(4.5)	(3.7)	(22.1)	(41.9)	(55.0)	(66.5)
노조 없음	사업체 수	1,493,967	1,492,733	1,450,817	35,992	5,924	1,234	162
	(비중)	(95.4)	(95.5)	(96.3)	(77.9)	(58.1)	(45.0)	(33.5)

자료: 통계청(2019).

| 표 6 | 부문별 고용 형태별 노조 가입률(단위: %)

공공 부문	대기업 정규직	대기업 비정규직	중소기업 정규직	중소기업 비정규직	분류 불가	전체
24.5	31.3	7.2	5.1	0.9	5.2	10.0

자료: 장지연(2017).

〈표 5〉에서 보듯이 300명 미만 중소 기업체 중 노조가 있는 곳은 4.5%에 불과하다. 반면 300명 이상 대기업 중에는 55.0%에, 그중에서도 1천 명 이상 대기업 중에는 66.5%에 노조가 존재한다.

노동 패널 자료를 이용한 연구(〈표 6〉)에서는 대기업(31.3%)과 공공 부문(24.5%)에서 노조 조직률이 높게 나타나는 반면, 중소기업이나 비정규직의 경우 매우 낮다.

통계청의 "경제활동인구조사 근로 형태별 부가조사(2018.8)"에 따르면 정규직의 노조 조직률은 17.1%인 데 비해 비정규직은 3.1%로 5분의 1 수준에 못 미친다. 또한 전체 노조원 중 정규직 비중은 90%가 넘는 데 비해, 비정규직은 10%에 못 미친다.

결국 대기업·공공부문·정규직·남성 노동자에 비해 임금과 노동조건 및 제도적 보호에서 열악한 지위에 놓여 있는 중소 영세기업·비정규직·여성 등 취약 계층 노동자들이 노동조합의 조직적 보호가 더욱 절실함에도 불구하고 오히려 배제되고 있는 것이다.

이처럼 우리나라의 노사 관계는 기업별 노사 관계의 관행하에서 전체 노동자의 90%에 달하는 미조직 취약 노동자들의 권익을 대변해 보호하기보다 무시하거나 배제함으로써 노동시장의 이중구조를 조장하는 주요 원인 중 하나가 되고 있다.

Q&A **13**

대기업과 중소기업, 정규직과 비정규직의
노동조건의 격차는?

한국의 노동시장은 크게 임금수준과 직업 안정성이 좋고 근무 환경이 양호한 대기업 정규직 중심의 '1차 노동시장'(11%)과, 임금 수준과 직업 안정성이 낮고 근무 환경이 나쁜 비정규직 또는 중소 기업 중심의 '2차 노동시장'(89%)으로 이원화되어 있으며, 두 노동 시장 간 격차가 여러 면에서 큰 상황이다.

〈표 7〉에서 보듯이 대기업 정규직의 월평균 임금은 398만1천 원 으로 대기업 비정규직 및 중소기업 노동자의 월평균 임금 224만5천 원의 1.8배에 달한다. 대기업 정규직의 근속 연수는 12.2년으로 대 기업 비정규직 및 중소기업 노동자 평균 5.2년의 2.3배에 달한다. 국민연금, 퇴직연금, 상여금의 수혜율도 대기업 정규직은 95% 이 상인 반면, 중소기업·비정규직은 70% 미만이다.

〈표 8〉에서 알 수 있듯이 임금노동자 약 2천만 명 중 노동시 장 안에서 가장 괜찮은 일자리인 '대규모·유노조·정규직'(145만 2천 명, 7.2%)과, 가장 열악한 '중소규모·무노조·비정규직'(548만9 천 명, 27.4%) 집단 간의 양극화는 매우 심각한 수준이다. '중소규 모·무노조·비정규직'의 임금 수준이 '대규모·유노조·정규직'의 35.8~39.0%에 불과하며, 각종 사회보험 가입률(30.7~39.9%)과 복지 혜택 수준(20.1~36.4%)은 절반에도 미치지 못한다.

OECD에 따르면 국제적으로도 한국의 노동시장 내 소득 격차는

| 표 7 | 1·2차 노동시장의 격차 (2017년 8월 기준)

	기업 규모	고용 형태	인원 (명)	비중 (%)	월 임금 (원)	근속 연수 (년)	국민 연금 (%)	퇴직 급여 (%)	상여금 (%)
1차 노동시장	대기업	정규직	213만	10.7	398.1만	12.2	98.3	99.5	96.1
2차 노동시장	대기업	비정규직	33만	1.7	257.7만	4.0	65.6	69.4	67.7
	중소기업	정규직	1,130만	56.5	263.8만	6.7			
	중소기업	비정규직	624만	31.2	151.5만	2.5			
	소계		1,787만	89.3	224.5만	5.2			
합계			2,000만	100.0	243.0만	5.9			

자료: 장근호(2018), 통계청과 한국은행 조사국의 2017.8 기준 분석 결과.

| 표 8 | 한국 노동시장의 이중구조 (2018년 8월 기준)

		대규모, 유노조, 정규직	중소 규모, 무노조, 비정규직
근로자 수(명)		145만2천	548만9천
월평균 임금(원)		424만	152만
시간당 임금(원)		2만6,643	1만395
근속 연수(년)		13.7	2.3
사회 보험 (%)	국민연금 가입률	98.8	30.7
	고용보험 가입률	99.7	39.9
	건강보험 가입률	76.2	38.0
복지 수준 (%)	퇴직금 지급률	99.5	36.4
	상여금 지급률	97.5	33.7
	시간외수당 지급률	87.4	20.1
	교육 훈련 여부	98.4	25.8

자료: 한국노동연구원 동향분석실(2019), 통계청, 2018.8 경제활동인구조사 부가조사 원자료 분석 결과.

가장 심각한 편에 속한다. 한국의 상하위 10% 간 임금격차는 미국에 이어 2위를 기록하고 있고, 전체 소득보다 노동 소득 불평등이 높다. 대기업과 중소기업 간 임금격차도 국제적으로 높은 수준이다. 노동시장 간 이동도 매우 제한적이다. 우리나라 비정규직 중 3년 뒤 정규직으로 전환되는 비율은 22.4%로 OECD 평균(53.8%)의 절반 수준이며 비교 대상 국가 중 가장 낮다.

이 같은 결과는 기업별 노조에 기반을 둔 기업별 노사 관계가 한국의 노사 관계를 지배하고 있고 사회적 조정 기능도 부족하기 때문이다. 대기업의 노조 가입률만 높은 상황에서 노사 협상이 기업 단위로 이루어지다 보니 1차 노동시장에 속하는 내부자인 대기업 노조는 자신들의 고용 안정과 근로조건 개선을 우선시하게 되고, 기업들은 정규직 고용을 최소화하고 외주 생산을 확대함으로써 비용 부담을 2차 노동시장으로 전가했다. 반면, 노조 조직률이 낮거나 아예 조직화되어 있지 않은 중소기업과 비정규직 노동자들의 이해는 제대로 대변되지 못하고 있다.

Q&A 14
산별노조와 노총, 경사노위가 있음에도
왜 중앙 차원의 노사 관계가 없다고 평가하는가?

우리나라 노동조합들은 오래전부터 기업별 노사 관계의 한계를 극복하기 위해 나름대로 힘써 왔다. 기업별 노조를 산별노조로 전환하기 위한 노력이 대표적이다. 고용노동부에 따르면 2018년 말 기준 전체 노조원 233만 명 중 58%에 해당하는 135만 명이 산업별 노조를 비롯한 초기업 단위 노조 소속이며, 나머지(42%) 98만 명이 기업별 노조 소속이다.

그럼에도 불구하고 노사 관계가 산업별로 전환되지 못하고 있는 가장 큰 이유는 사용자 측이 기업별 노사 관계를 완강하게 고집하며 산업별 교섭을 수용하지 않고 있기 때문이다. 물론 노조도 자기 사업장 조합원의 경제적 이해관계를 우선시하는 한계도 있다고 보아야 한다. 그에 따라 노동조합 측의 오랜 노력에도 불구하고 산업별 교섭이 이뤄지지 않고 있기 때문에 '무늬만 산별노조'인 처지를 벗어나지 못하고 있다. 무늬만 산별인 현재의 노조 활동에서 실질적인 주도권은 대기업 노동조합에 있다.

우리나라에는 모든 산업을 포괄해 전체 노동자를 대표하는 '총연맹'으로서 양대 노총이 존재한다. 하지만 노조 조직률이 11.8%에 머물러 대표성의 한계가 있다. 경총이나 대한상의 등 사용자단체의 경우에도 실질적으로 사용자들을 대표하지 못하고 있다.

대표성의 한계와 더불어 노사 간 중앙 차원의 노사 관계가 실질적으로 진전되지 못하고 있는 것이 현실이다. 여기에는 정부의 책임도 크다. 1998년 노사정위원회가 설치되었고 2018년 경사노위로 개편했지만, 노사 간 중앙 차원의 실질적인 교섭과 대화보다는 정부 정책을 관철하기 위한 통로로 활용되고 있다.

요컨대 외형상으로는 산별노조와 양대 노총도 있고 사회적 대화 기구로 경사노위도 있지만 선진국과 같은 실질적인 산업별 또는 중앙 단위 노사 관계는 존재한다고 보기 어렵다.

노동운동 활동가들의 노력에도 불구하고
기업별 노사 관계를 극복하지 못하는 이유는?

우리나라 노동조합 발전에는 노동운동을 위해 애써 온 간부와 활동가들의 역할이 매우 컸다. 그런데 노조 간부나 활동가들은 기업별 노조의 선거를 통해 선출된다. 기업별 노조 선거에서는 주로 해당 기업에서 일하는 노조원들의 경제적 이해관계가 반영된다. 기업별 노사 관계만 있다 보니 노조원들의 경제적 이익도 기업별 교섭의 성과에 따라 좌우될 수밖에 없다.

노조 간부나 활동가들이 아무리 개혁적이고 진보적인 생각을 갖고 있다 하더라도 기업별 노조 선거에서 표를 얻기 위해서는 기업별 단체교섭의 성과를 잘 내는 쪽으로 활동을 집중해야 하는 태생적 한계가 있다.

일반적으로 노조 선거는 2년 또는 3년마다 치러지는데 취약 계층을 포함한 전체 노동자를 위한 활동보다는 기업별 노조의 조합원들을 위해 얼마나 열심히 활동했느냐에 따라 선거 당락이 좌우되기 쉽다. 이렇게 배출된 활동가들이 상급 단체로 진출하더라도 기업별 울타리를 넘어서는 노사 관계를 만들어 가기는 어렵다.

노사 관계의 발전을 위해서는 앞으로도 노조 활동가들의 역할이 중요하지만, 기업별 노사 관계에서 자유로울 수 없는 현재의 조건을 개선할 필요가 있다. 또한 노조원을 대표하는 활동가들의 역할에 덧붙여 전문적 역량을 갖춘 인력이 가세해 노조 활동의 역량을 대폭 강화할 수 있는 방안을 적극적으로 모색할 필요가 있다.

Q&A **16**
노동부에서 고용노동부로 명칭을 변경한 것은 노동정책의 후퇴를 의미하는가?

우리나라 중앙 노동 행정 조직의 정식 명칭이 고용노동부로 변경된 것은 이명박 정부 때인 2010년이다. 1948년 사회부 내 노동국으로 출범한 뒤 1963년 노동청으로, 1981년 노동부로 각각 승격되었다가 29년 만에 명칭이 바뀐 것이다.

당시 이명박 정부에 따르면 이는 단순한 명칭 변경이 아니라 부처의 역할과 사명이 바뀐 것이다. 즉 노동 행정의 중심축을 노사문제에서 고용 중심으로 바꾸기 위해서였는데, 이때부터 고용노동부는 정부 정책이 고용 친화적으로 추진될 수 있도록 방향을 제시하고 실행하는 '고용정책 총괄 주무 부처'로 자리매김되었다.

2015년에 제정된 '정부 조직 영어 명칭에 관한 규칙'에 따르면 고용노동부의 약칭은 '고용부'이고, 영어 명칭은 'Ministry of Employment and Labor' 영어 약칭은 'MOEL'이다. 2020년 현재에도 고용노동부의 법적 약칭은 '고용부'이다.

고용 즉 일자리 문제는 중요하다. 그런데 이는 노동 행정을 책임지는 부처만이 아니라 재정·경제·산업·중소기업·교육·복지 등 사실상 정부의 모든 부처가 해당 분야의 업무에 맞게 동시에 추진하는 업무라고 할 수 있다.

노동 행정을 책임지는 중앙 부처가 전 부처의 고용정책을 총괄하는 주무 부처를 자임하는 것이 적절한지는 따져 봐야 할 문제이다. 정부 부처 내에서 고용노동부가 차지하고 있는 위상을 감안해 볼 때도 과연 '총괄'이 가능한지도 의문이다. 외국의 경우 중앙 노동 행정 조직이 실업 급여, 전직 및 취업 지원, 직업훈련 등의 고용 관련 업무를 일부 수행하고 있지만 우리나라처럼 '총괄' 부처로서 위상을 자임하지는 않는다.

반면 노동정책에 대한 고용노동부의 '총괄' 기능은 매우 취약하다. 단적으로 노동 존중 사회 실현을 위한 기본 계획 수립은 문재인 정부의 대선 핵심 노동 공약임에도 경제사회노동위원회에 떠넘긴 채 별다른 진전이 없다. 한국형 노동회의소 설치 공약도 관련 연구 용역을 진행했을 뿐 사실상 손을 놓고 있다.

이처럼 고용노동부가 약칭에서도 노동을 빼 버린 채 고용정책의 총괄 부처를 자임하면서 노사문제, 정확히는 노동정책에 대한 총괄 기능을 제대로 담당하지 않고 있는 것은 아닌지 종합적인 검토가 필요하다.

4차 산업혁명 시대의
긍정적 측면과 부정적 측면은 무엇인가?

노동하는 존재인 인간이 자본의 이윤 추구 수단으로 전락하고, 노동의 수단에 불과한 기계나 기술에 인간이 종속되는 순간, 비인간적 노동의 길로 들어서게 된다. 자본주의가 시작된 이래 비인간적 노동을 극복하고, 노동자가 인간답게 살 수 있는 '노동의 인간화'를 이루는 것은 오랜 숙제가 되어 왔다. 특히 (양면성을 갖는) 기술의 급격한 발전을 의미하는 '산업혁명'이 거듭될수록 노동의 인간화는 매번 '위기이자 기회의 순간'을 맞게 되는데, 최근의 제4차 산업혁명도 또 다시 찾아온 그 순간이다.

세계는 지금 일찍이 경험해 보지 못한 미증유의 기술 발전이 예상되는 4차 산업혁명의 시대에 접어들었다. 문제는 속도에 있다. 과거 1~3차 산업혁명 시기 기술 변화의 속도와는 비교도 할 수 없이 빠르다. 그렇기 때문에 대응이 늦었을 때 감수해야 할 불이익 또한 너무 커서 회복이 어려울 정도일 것이다. 과거에는 변화의 속도가 비교적 느렸기 때문에 우리나라는 지난 50년간 1~3차 산업혁명 없이 정부 주도로 빠르게 쫓아갈 수 있었다.

또한 1~3차 산업혁명을 통해 인류는 기술의 발전이 놀라운 생산성 향상과 경제 성장을 가져다주지만 그 이면에 어두운 그림자를 드리울 수 있음을 경험했다. 앞서 인류가 이룬 모든 변화와 발전을 능가한 것으로 평가되는 18세기 1차 산업혁명 때에는 증기기관의 발명과 생산의 기계화에 따라 공장에서 쫓겨난 노동자들이 기계를 파괴하는 '러다이트' 운동이 일어났다. 전기의 개발과 컨베이어 시스템을 기반으로 대량생산 - 대량소비 체제를 등장시킨 19세기 말 2차 산업혁명의 이면에는 찰리 채플린의 영화 〈모던 타임스〉로 대표되는 기술 종속적 노동 세계가 뒤따랐다. 20세기 후반 극소 전자 기술의 도입과 함께 일어난 3차 산업혁명은 컴퓨터와 자동화 시스템을 다루는 고숙련 노동자와 이 시스템에 종속·봉사하는 저숙련 노동자가 공존하는 양극화 시대를 만들었다.

모든 인간과 사물의 세계가 정보 통신 기술(ICT)로 연결된다는 디지털화이자, 기술 융합 기반의 인공지능 혁명이라는 4차 산업혁명이 만들어 낼 불확실한 미래 세계 또한 기술 발전의 양면성을 반영해 기대와 우려가 공존하는 세계일 수밖에 없다. 기술 발전을 새로운 성장 동력으로 삼아 노동의 인간화를 가능하게 하는 것이 기대이자 목표라면, 기술 발전(디지털화)에 따른 고용의 축소와 질 낮은 일자리 양산, 양극화, 노동조건의 악화와 노동권 보호의 후퇴와 같은 우려와 어두운 그림자를 걷어 내야 하는 것은 피할 수 없는 과제일 수밖에 없다.

이를 위해서는 기술 발전에 대해 이윤 증대의 측면(자본의 이해관계)만이 아니라 노동의 인간화라는 측면(노동의 이해관계)을 동시에 종합적으로 접근해야 한다. 4차 산업혁명에 따른 긍정적 효과는 극대화하되 부정적 효과는 최소화해야 하는 것이다. 그렇지 않을 경우 사회적 갈등과 그에 따른 비용이 커지고 4차 산업혁명은 실패로 끝날 가능성이 높다.

4차 산업혁명 시대를 맞이해 노사 관계는
어떻게 변화해야 하는가?

산업 선진국들은 1, 2, 3차 산업혁명의 경험대로 정부는 물론이고 노사 민간의 여러 주체들이 미래 산업 변화에 동참하고 있다. 현재 독일을 비롯한 유럽 선진국에서는 4차 산업혁명에 대해 기술의 혁신이라는 측면만이 아니라 노동의 인간화라는 측면에서 종합적으로 접근하고 있다. 독일에서는 4차 산업혁명을 위한 기술혁신 프로그램의 새로운 비전으로 '산업 4.0'(Industrie 4.0)과 함께, 디지털 시대에 '좋은 노동'을 만들기 위한 사회혁신 비전으로서 '노동 4.0'(Arbeiten 4.0)이 동시에 추진되고 있다.

〈표 9〉에서 알 수 있듯이 독일에서 4차 산업혁명은 단순한 기술의 발전만이 아니라 노동의 인간화도 똑같이 중요한 목표로 추진되고 있다. 두 가지 비전을 수립하는 데에는 노사 등 민간, 정치권, 학계가 두루 참여하고 있다.

문제는 우리나라에서 4차 산업혁명에 따른 어두운 그림자를 걷어 내고 새로운 성장 동력과 노동의 인간화로 나아가기 위해서는 과거와 같은 노동 배제적인 산업 정책, 사용자의 노조 기피적 태도, 기업별 노사 관계를 시급히 극복해야 한다는 점이다. 4차 산업혁명의 성공을 위해서는 경제·사회·노동 등 사회 전 분야에서 정책적·제도적 혁신이 필요하기 때문에 노사 참여는 필수적이다. 그런데 현실은 시스템의 한계로 노사 참여의 기회가 전혀 없고 효율적

| 표 9 | 1~4차 산업과 '노동 1.0~4.0'의 전개와 특징(독일)

산업

	시기	특징
1차 산업	1760~1840	증기기관 생산과 노동의 기계화
2차 산업	19세기 말	전기/포드주의 대량생산, 소비
3차 산업	1960년대 이후	전자/포스트-포드주의 컴퓨터, 자동화
4차 산업	현재	ICT 가상과 물리 결합 네트워크, 디지털 유연화

노동

	시기	특징
노동 1.0 (1차 산업)	18세기 후반 산업혁명 초기	노동의 조직화
노동 2.0 (2차 산업)	19세기 후반	계급 타협, 복지국가 탄생
노동 3.0 (3차 산업)	1970년대 초반 이후	글로벌화, 사회적 시장경제
노동 4.0 (4차 산업)	현재	통합적 작업, 가치의 노동, 새로운 사회적 합의

자료: 김종진(2018).

인 참여 가능성도 보이지 않는다. 새로운 기술에 적응하기 위한 교육 훈련을 비롯해 중앙 단위와 산업 차원의 노사 협의와 협력 없이는 신산업 발전도 어렵다. 신기술 발전 과정에서 증가하고 있는 디지털 플랫폼 노동 등 새로운 형태의 취약 계층에 대한 노동권 보호도 현재 우리나라의 노-경총 시스템과 기업별 노사 관계에서는 사실상 불가능하다.

4차 산업혁명에 따른 스마트 공장, 디지털 노동과 플랫폼 노동은 숙련된 노동력의 자리를 불안정 저임금 일자리로 대체할 것이다. 사회관계망서비스(SNS)나 앱 같은 사이버 공간을 매개로 노동력이 거래되는 플랫폼 노동의 등장에 따라 기존 고용 관계의 틀로 설명하기 힘든 다양한 플랫폼 노동자가 빠르게 늘어나고, 이들의 노동 기본권을 보호하는 문제가 큰 과제가 되고 있다.

우리나라는 이미 노동자처럼 일하지만 법적으로는 자영업자로 분류돼 노동기본권을 보장받지 못하는 특수 형태 근로 종사자(특고 노동자)가 급격히 늘어나고 있다. 한국노동연구원에 따르면 2018년 기준 특고 노동자는 약 220만 명에 달한다. 이 중 74만 명은 임금노동자에 가까운 고용 형태지만, 91만 명은 1인 자영업자에 가깝고, 55만 명은 기존 분류 어디에도 속하지 않는 새로운 개념의 특고 노동자로 분류된다. 앞으로 기존의 노동자 보호 규정을 밀어내는 새로운 형태의 일자리가 계속 출현할 것인데, 기업별 노사 관계로는 이에 대한 대책을 마련할 수 없다.

2

해외 사례로 본
노동회의소

노동회의소 제도를 운영하는 오스트리아 노사 관계의
대략적인 모습은?

오스트리아는 인구 9백만 명이 채 안 되는 중부 유럽의 작은 나라이지만 서구 유럽 중에서 '경제 사회 동반자 제도'(Wirtschaftsund Sozialpartnerschaft)라 불리는 사회적 대화와 갈등 조정 제도가 가장 발달했다. 그 결과 중앙 단위, 산업별, 기업별 수준의 다층적 노사 관계가 활발하게 구축되었다.

먼저 중앙 단위 노사 관계는 '동등위원회'(혹은 '균등위원회')를 통해 이루어지고 있다. 노동정책은 물론 경제·사회·복지 분야 정책에 대해 수시로 대화하고 협상이 이루어진다. 합의 사항은 노동자와 사용자를 포함한 전체 사회에 적용된다. 노총(ÖGB)과 전체 노동자가 가입한 연방노동회의소(BAK)가 함께 노동자를 대표해서 참여하고 있다. 사용자 측에서는 모든 기업인을 회원으로 거느린 경제회의소(WKÖ)가 참여한다. 농업 분야의 기업인과 농민도 농업회의소(LK)에 가입해 참여한다.

산업별 노사 관계는 오스트리아 노총 산하 7개 산별노조와 각 산업별 사용자단체 간 산별 교섭을 축으로 이루어지고 있다. 오스트리아의 노조 조직률은 약 27% 수준이지만 사용자단체는 100% 조직되어 있고, 산별 교섭에서 합의된 단체협약은 전체 노동자의 98%가 적용받는다.

오스트리아에는 독일과 유사한 종업원 평의회가 존재한다. 노동법에 따라 한 회사에 5명 이상의 노동자가 있을 때 종업원 평의회를 설치해야 하며, 기업 단위에서 활동하는 산별노조의 현장 위원 제도가 없다. 따라서 개별 기업 단위에서 단체교섭 권한은 종업원 평의회와 개별 기업 사용주가 갖고 있으며, 중앙 단위 및 산별 교섭에서 마련된 기본 틀 안에서 각종 노동조건, 노동자 보호 등에 대한 구체적 세부 사항과 관련한 직장 협약을 체결한다.

오스트리아 노사 관계의 특징을 요약하면 다음과 같다. 첫째, 중앙-산업-기업별로 다층적인 노사 관계가 형성되어 노사문제 전반을 다룰 수 있다. 둘째, 개별 노동자와 사용자 누구도 소외되지 않고 고용 형태나 기업 규모에 상관없이 자신을 대변하는 조직에 가입하며 그 조직이 각급 노사 관계에 참여하고 있다. 셋째, 단체협약 적용률 98%가 상징하듯이 각급 노사 관계의 결과와 혜택이 모든 노동자와 사용자에게 골고루 돌아가고 있어 사회적 격차를 해소하는 데 긍정적으로 기여하고 있다.

| 표 10 | 오스트리아 노사 관계의 수준별 특징

노사 관계	교섭/협의	교섭 당사자	의제	적용 범위
중앙 단위	동등위원회 (전원 합의제)	노총·노동회의소 vs 경제회의소 vs 농업회의소	노동·경제· 복지 정책 전반	전체 노사, 사회 전반
산업별	산업별 교섭	7개 산별노조 vs 산업별 사용자단체	산업별 임금 및 단체협약, 기타 협약	전체 노동자의 98%
기업별	기업별 교섭	종업원 평의회 vs 기업	기업별 협약	노동자 5명 이상 기업

Q&A **20**

오스트리아의 중앙 노사 관계인 동등위원회는
어떻게 구성되며 어떤 의제를 다루는가?

오스트리아의 노사 관계를 특징짓는 '경제 사회 동반자 제도'는 동등위원회의 구성과 운영에서 그 면모가 잘 드러난다.

동등위원회의 기원은 제2차 세계대전 직후 물가 폭등과 경기 후퇴, 실업률 등 사회경제 문제 해결의 돌파구를 마련하기 위해 사회 동반자 즉 노동자, 사용자, 농민을 대표하는 4개 민간 이익 단체들이 경제위원회를 구성해 머리를 맞댄 1947년으로 거슬러 올라간다. 이후 70여 년 동안 동등위원회를 지탱해 온 4개 단체 중 노총을 제외한 3개 회의소는 오스트리아의 독특한 제도적 산물이다.

노동조합 조직인 노총은 가입을 희망하는 노동자가 자발적으로 가입하는 임의단체인 반면, 3개 회의소는 공법인(公法人)의 법적 지위를 갖는 민간단체이자 자치 행정 기구이다. 관련 법률에 따라 해당 직군의 시민은 모두 각 회의소에 의무적으로 가입하고 회비를 내야 한다. 따라서 회의소는 회원 수가 많고 재정도 독립적이다. 이를 바탕으로 전문가를 포함해 많은 인력을 고용하는 등 회원들을 대변할 수 있는 역량을 갖추고 있다.

실제로 2017년 기준으로 노총 조합원 수가 120만 명인 데 비해 모든 노동자가 의무적으로 가입하고 있는 노동회의소의 회원은 370여만 명으로 3배가 넘는다. (자영업자를 포함한) 기업인들이 의무적으로 가입하는 경제회의소는 49만 명, 농업 조직인 농업회의소는 16만 명이다. 3개 회의소 회원 수는 오스트리아 인구의 절반 규모로, 사실상 경제활동인구가 모두 참여하고 있는 셈이다.

동등위원회에서 다루는 분야는 오스트리아의 소득정책, 경제정책의 일부분과 사회정책, 노동시장 정책 및 동등 처우 정책 등 노동 보호 규정, 농산물 시장 정책, 유럽연합 등에서의 국제 협약 분야 등이다. 위원회 자체는 법정 기구가 아니지만 합의된 사항은 정부 정책은 물론 각 정당과 의회, 사회 전체에 막대한 영향을 미친다. 노총과 노동회의소는 사민당과, 경제회의소와 농업회의소는 국민당과 밀접하게 연계되어 있는 등 각 정당과 4개 경제 사회단체가 유기적으로 연결되어 있다는 점도 합의의 무게를 높이고 있다.

| 그림 2 | 오스트리아 동등위원회의 구성 주체

Q&A **21**

오스트리아의 동등위원회는
어떻게 운영되는가?

동등위원회에는 최고 결정 기관으로서 전원회의가 있고, 산하에 임금위원회, 경쟁 및 가격위원회, 경제 및 사회문제 자문위원회, 국제문제위원회 등 4개 소위원회를 두고 있다. 전원회의와 각 소위원회에는 4개 조직을 대표하는 위원들을 주축으로 필요에 따라 정부 각료나 전문가들이 추가로 참여한다. 전원회의에는 4개 조직 각 2명씩 8명의 위원 외에 연방 수상과 3개 부처(노동사회부, 경제부, 농림부) 장관 등 정부 측 위원들도 포함되어 있으며, 연방 수상이 의장을 맡고 있다.

전원회의는 최소한 분기마다 소집하는 것을 원칙으로 하고 있고, 중요한 현안이 생기면 상황에 따라 특별회의가 개최된다. 전원회의에서는 소위원회에서 합의되지 못하거나 특별히 중요한 안건에 대해 결정을 내리는데, 그 전에 4개 단체 대표자들이 사전 협의를 거친다. 사전 협의에서 실질적인 조정과 타협을 거친 뒤 전원회의에서 안건에 대한 결정을 내릴 때는 4개 단체 위원 8명에게만 표결권이 주어진다. 정부 측 위원들에게는 표결권이 없다. 결정은 다수결이 아니라 만장일치에 의한 전원 합의제 방식으로 이루어지고 있어 어느 한쪽이라도 동의하지 않으면 합의할 수 없다.

이처럼 오스트리아 사회적 대화 제도의 특징은 ① 의무 가입제로 조직되는 독특한 회의소 제도를 통해 경제적·사회적 주체들이 폭넓게 참여하고 있다는 점, ② 의제를 사전에 협의하고, 표결권을 행사하는 등 민간 경제 사회 주체들이 실질적으로 주도하고 있고 정부는 이들의 대화와 협상을 지원하는 역할에 충실하다는 점, ③ 동등한 권리를 가진 사회 동반자들이 전원 합의제 의사 결정 방식을 통해 대등하고 실질적인 합의를 시도한다는 점이라 하겠다.

전후 70여 년 동안 사민당과 국민당 사이의 대연정을 통한 합의제 정치가 오스트리아 발전을 이끈 정치적 축이라면, 동반자 제도는 사회경제적 축으로 평가된다. 그동안 많은 변화가 있었고 그 영향이 일부 축소되고 있지만 여전히 중요한 사회경제적 사안에 대한 오스트리아의 정치적 결정은 사회 동반자들과의 대화를 통해 이루어지고 있다.

| 그림 3 | 오스트리아 동등위원회의 구조

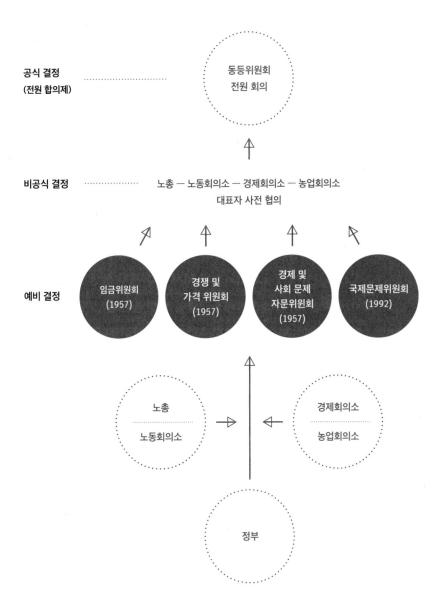

자료: Tálos(2006, 8)을 일부 수정

노동회의소는 언제 어떻게 탄생했는가?

지금까지 살펴보았듯이 노동회의소는 노동조합 및 종업원 평의
회와 함께 노동자의 권익을 대변하는 조직체이자 사회적 대화의 한
주체이다. 노동회의소 제도는 국가 단위에서는 오스트리아(1920년 도
입)와 룩셈부르크(1924년 도입)가, 지역 차원에서는 독일의 브레멘 주
(1921년 도입)와 자를란트 주(1925년 도입) 그리고 이탈리아 북부 지방에
서 운영되고 있다. 제1차 세계대전 직후인 1920년대부터 설립되기
시작해 1930년대 나치 통치하에서 해체되는 시련을 겪은 뒤 제2차
세계대전 종전 이후 부활하는 등 약 1백 년의 역사를 갖고 있다.

오스트리아에서 노동회의소의 역사는 19세기 중반으로까지 거
슬러 올라간다. 1848년에 사용자들을 대변하는 상업 및 영업회의
소가 설립되었다. 이에 사회민주당은 1860년대부터 정치·사회적
으로 노사에게 대등한 조건을 만들기 위해 노동자들을 대변하는
노동회의소 설립을 추진했다.

이후 오스트리아 노동회의소의 설립은 노동조합 특히 오스트리
아 노총에 의해 주도되었다. 오스트리아 노조는 초기에는 노동회
의소 추진을 반대했으나 점차 독립적이고 투명한 노동회의소 건설
로 방향을 전환했다. 초기에 반대한 이유는 국가적으로 민주주의
가 부재했고, 노조가 설립 단계에 있던 상황에서 자체적인 영향력
이 미미한 가운데 만일 노동회의소가 만들어진다면 노조의 발전이
제약될 수 있다고 보았기 때문이다. 노조가 반대 의견을 거두고 요

구한 조건은 노동회의소가 국가로부터 독립된 기구여야 한다는 것과 노조의 직접적인 영향력 아래에서 노조와 투명하게 역할을 분담토록 한다는 것이었다.

제1차 세계대전이 끝나 갈 즈음 모든 노동조합은 노동회의소 설립을 위한 최적의 시기가 왔다는 데 의견을 모았다. 1917년 오스트리아 최대 노동조합은 의회에 노동회의소 설립법 제정을 요구했고, 기독교 노조 등 다른 노동조합 세력도 가세했다.

절대왕정 오스트리아는 1918년 사회민주당이 집권에 성공해 제1공화국이 수립되었으며 1920년 노동회의소 설립법이 통과되었다. 이에 따라 각 지역별로 노동회의소가 설립되었고 이듬해 11월까지 전국 총회가 개최되어 중앙의 노동회의소가 설립되었다. 그 결과 노동조합은 입법과 행정에 노동자의 이익을 대변할 수단을 확보하게 되었다.

1930년대 중반 이후 오스트리아에는 파시즘과 국가사회주의의 등장으로 노동운동의 암흑기가 찾아왔다. 1938년 히틀러가 오스트리아를 장악한 뒤 노동회의소의 모든 자산이 몰수당하고 다수의 노동회의소 지도부들이 투옥되거나 살해당했으며 노동회의소가 끝내 폐지되었다. 1945년 오스트리아 해방과 함께 제2공화국이 수립되면서 노동회의소가 부활했고, 오스트리아 노총 역시 새롭게 출범해 오늘에 이르고 있다.

노동회의소 회원의 자격과 대상은?

노동회의소 제도를 도입한 국가들은 원칙적으로 모든 노동자로 하여금 노동회의소에 의무적으로 가입하고 회비를 납부하도록 법으로 강제하고 있고 탈퇴도 허용하지 않는다. 이 같은 의무 가입 및 회비 납부 의무는, 단체에 가입하거나 하지 아니할 국민의 기본권을 침해하는 것이 아니냐는 위헌성 여부가 쟁점이 될 수 있다. 그러나 이들 국가에서는 이 제도가 단체에 가입할 자유를 침해하지 않는다는 결론이 났기 때문에 문제가 되지 않는다. 오스트리아에서는 위헌 시비에 대한 대비책으로 2008년 아예 헌법을 개정해 합헌화했다.

노동회의소는 사업장 수준의 전체 노동자가 아니라 지역이나 전체 노동자를 그 가입 대상으로 하면서 개개인이 구체적으로 노동회의소 회원 가입 의무가 있는지를 판단하게 된다. 이는 4차 산업혁명의 디지털 경제 시대에 노동자와 자영인의 경계가 점차 모호해지는 추세에 비추어 의미 있는 가입 대상 기준이라고 할 수 있다. 브레멘 노동회의소의 경우 인적 종속성은 약하나 '경제적 종속성이 있는 유사 근로자', 즉 특수 형태 근로 종사자를 명시적으로 회원 대상으로 규정하고 있기도 하다. 그 결과 일하는 대다수의 취업자를 포함하고 있다.

오스트리아 노동회의소법 제10조가 '모든 노동자는 노동회의소 소속이다'라고 규정하고 있듯이 노동회의소는 원칙적으로 모든 노동자를 의무적인 회원 가입의 대상으로 한다. 실제로는 노동자가 직장에 취직해 고용 관계가 시작되면 의무적으로 사회보험에 가입하게 되는데 이때 노동회의소 회원 등록도 동시에 이루어진다. 노동회의소의 월 회비도 사회보험료와 함께 동시에 공제된다. 이에 따라 〈표 12〉에서 보듯이 오스트리아에서는 사회보장청이 노동회의소 회비를 징수한다.

다만 국가마다 노동자 중 일부를 회원에서 제외하는 방식을 채택하고 있다. 예를 들면 오스트리아에서는 고위 행정직이나 임원, 보건소·병원·약국 전문 인력, 농림어업 종사자, 종교단체 사제 등의 가입을 제한한다.

| 표 11 | 노동회의소의 회원 가입 대상

노동회의소		가입 대상
오스트리아		① 모든 노동자, ② 실업보험 가입 의무가 있는 실업자, ③ 공·사적 기금의 노동자, ④ 공무원이 아닌 공공 부문 노동자, ⑤ 노동회의소 의장·이사, ⑥ 재택 노동자
독일	브레멘	① 모든 노동자, ② 직업교육 중 취업자, ③ 가내 노동 종사자와 그와 동등한 지위에 있는 자, ④ 경제적 종속성으로 인해 유사 노동자로 보이는 여타의 취업자
	자를란트	① 모든 노동자, ② 인근 프랑스를 오가며 일하는 접경 지역 통근 노동자, ③ 직업교육 중인 취업자, 실업 상태에 있는 구직자
룩셈부르크		① 모든 근로자, ② 직업 훈련 중인 교육생, ③ 회의소 회원이었던 자로 민간 부문의 연금 생활자

모든 노동회의소가 실업자 및 직업교육 중인 노동자도 회원으로 가입시키고 있다. 또한 재택 노동자(오스트리아), 가내 노동 종사자 (브레멘), 인근을 오가며 일하는 접경 지역 통근 노동자(자를란트), 연금 생활자(룩셈부르크) 등으로 그 대상을 폭넓게 확대했다.

Q&A 24
노동회의소의 회비와 총 재정 규모는?

노동회의소는 정치적·재정적 독립성을 확보하기 위해 구성원들의 회비로 재정을 충당하고 있다.

1인당 회비는 정률제를 채택하는 독일과 오스트리아의 경우 세전 임금의 0.15~0.5% 수준이며, 룩셈부르크는 정액으로 연간 31유로를 납부한다. 오스트리아 노동회의소의 1인당 월평균 회비는 7유로, 룩셈부르크 회의소는 2.6유로 수준이다. 회비는 원천 징수되어 사회보장청이나 세무서를 통해 노동회의소로 넘어온다.

모든 회원은 회비 납부 의무가 있지만 경제적 형편을 감안해 면제 제도를 도입하고 있다. 오스트리아 노동회의소의 경우 전체 회원의 4분의 1 정도가 회비를 면제받고 있다. 대부분 초단시간 저임금 노동자, 실업자, 직업 훈련생, 군 복무 중인 공익 요원, 육아 휴직자, 요양 중인 산재 노동자와 같은 취약 노동자층이다.

오스트리아 노동회의소의 회비 수입은 연간 4억 7,600만 유로(약 6,188억 원) 규모에 달하고 나머지 3개 회의소는 1,500만~1,800만 유로(약 183억~220억 원) 규모이다.

| 표 12 | 유럽 노동회의소의 회원 수, 회비, 징수 기관

	오스트리아	독일		룩셈부르크
		브레멘	자를란트	
회원 수	374만 명	38만 명	48만 명	49만 명
1인당 회비 (세전 소득 기준)	0.5%	0.15%	0.15%	정액 (연간 31유로)
연간 회비 수입	4억7,600만 유로 (6,188억 원)	1,600만 유로 (195억 원)	1,800만 유로 (220억 원)	1,500만 유로 (183억 원)
회비 징수 기관	사회보장청	세무서	세무서	사회보장청

자료: 오스트리아는 2018년, 나머지는 2017년 기준. 이호근·임상훈·김기우(2018) 일부 수정.

Q&A **25**

노동회의소의 조직 운영 및 직원 규모는?

민주적 자치 구조로 짜인 노동회의소의 조직은 크게 의사 결정 체계와 집행 체계로 나뉜다. 정책 방향 및 의사 결정은 회원들로부터 선출된 노동회의소 의회(총회) 및 이사회를 통해, 행정 업무와 전문적 의견은 전문가들과 사무직원으로 구성된 노동회의소 사무국을 통해 수행된다.

오스트리아 노동회의소는 연방 구조에 조응해 9개 지역에 각 지역 노동회의소를 설립하도록 되어 있다. 그중 수도인 빈에 있는 빈 노동회의소가 9개 지역의 노동회의소를 아우르는 연방노동회의소 역할을 하고 있다. 또한 전국에 90개 상담 센터, 95개 교육 센터와 도서관, 그리고 기타 다수의 문화 복지 시설을 운영하고 있다.

| 그림 4 | 오스트리아 노동회의소 상담 센터, 교육 센터, 복지 시설 현황(2017년)

5년마다 평등·직접·비밀 선거를 통해 의원을 선출해 총회(노동 회의소 의회)를 구성한다. 회원 모두에게 선거권이 주어지며 정당 구조와 연계된 비례대표제의 원칙에 따라 투표한다. 따라서 노동회의소는 각 정당의 대표로 각 부문 노동자 의회를 구성하는 형식을 띤다. 독일의 브레멘, 자를란트 노동회의소와 룩셈부르크 노동회의소는 총회의 위원 후보 명단을 각 산업별 노동조합에서 추천한 후 이 명부에 대한 선거를 통해 선출한다.

오스트리아 노동회의소 의회 의원 수는 총 840명으로 9개 주별로 회원 수 등에 따라 나뉜다. 총회에서는 이사진을 구성하고 회장과 회장단의 부회장(각 3~4명) 및 나머지 집행부의 위원들을 선출해 집행부를 구성한다. 회원 수 90만 명으로 규모가 가장 큰 빈 노동회의소의 경우 회원 선거를 통해 180명의 의원을 선출해 의회를 구성하고, 19명의 이사진과 1명의 회장을 선출해 집행부를 구성한다.

두 번째로 큰 3개 주 노동회의소 중 하나인 북부 오스트리아 주 노동회의소의 경우 회원 수가 60여만 명, 의회 의원 수는 110명이다. 주 의회는 회장과 4명의 부회장이 있으며 이사회는 15명의 이사와 사무총장으로 구성되어 있고 건강 정책, 교육, 문화와 직업훈련 등 9개 위원회가 설치되어 있다.

오스트리아 노동회의소의 집행 체계에는 2천7백여 명의 전문가들과 사무직원들이 각 주제 분야 및 분과에 따라 구성되어 일하고 있다. 사회정책 및 노동법, 공공서비스, 노동시장, 교육과 문화, 유럽연합과 국제 분야, 재정 정책, 여성 및 가족 정책, 청소년 보호 및 제도 분야, 지역 균형 발전, 소비자 보호 등 소비자 정책, 법률 보호 및 상담, 사회보험과 건강 정책, 환경과 에너지, 교통과 관광, 경제 정책 분야 등 16개 분야에 전문위원회를 두고 활동하고 있다. 이들은 노동회의소가 법적으로 주문한 의무를 이행하는 데 충실해야 하며 이를 위해 보통 경제, 사회 그리고 교육정책 분야의 전문가들이 간부 역할을 하고 있다.

빈 노동회의소의 경우 약 6백 명의 전문가와 직원들이 6개 주제 분야에 30개 분과로 편재되어 일하고 있다.

| 그림 5 | 오스트리아 노동회의소의 조직 구조

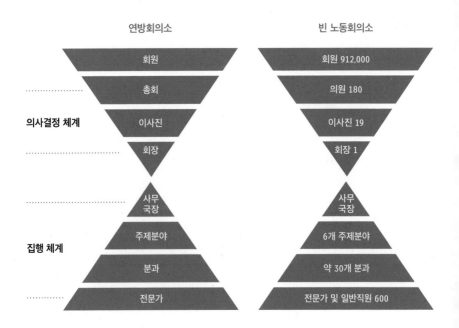

연방회의소   빈 노동회의소

의사결정 체계

회원 / 회원 912,000
총회 / 의원 180
이사진 / 이사진 19
회장 / 회장 1

집행 체계

사무국장 / 사무국장
주제분야 / 6개 주제분야
분과 / 약 30개 분과
전문가 / 전문가 및 일반직원 600

102

북부 오스트리아 주 노동회의소의 경우 사무총장 이하 481명의 스텝 조직이 있는데 경제와 인구, 인간과 법률, 재정 및 회계, 경제 및 사회정책을 담당하는 전문가들과 교육 청소년 및 문화 분야의 4개 교육팀이 있다. 정보 통신, 사업장 이익 대변 역량 강화 센터, 파산 중 권리 보호 부서 등에서도 전문가들이 일하고 있다. 주 노동회의소에서 가장 많은 역할을 담당하는 법률 자문 및 지원을 위해 6개 팀이 구성되어 있는데 대부분 법률 전문가들이다. 주 노동회의소 내 지역 노동자의 접근성을 높이고 원활한 교육과 자문 등의 서비스를 제공하기 위해 각 지역마다 14개 지역 사무소를 별도로 두고 있다.

가장 최근인 2017년 7월 문을 연 트라운(Traun) 지역 사무소의 경우 회원을 위한 다양한 프로그램뿐만 아니라 근로조건에 관한 전문가들이 포진해 있다. 이 지역사무소에는 법률가 2명을 비롯해 7명이 근무하고 있다.

Q&A **26**
노동회의소는 어떤 일을 하는가?

1) 노동자 대변 기구

오스트리아의 노동자 권익 대변 기구는 세 가지로 나뉜다. 첫째는 노동조합이다. 산업별로 결성되며 현재는 민간 부문 종업원·인쇄·언론·종이 노조, 공공서비스 노조, 유니온 노조, 건설·목공 노

조, 교통·서비스 노조, 우정·통신 노조, 제조업 노조 등 7개 산별
노조가 있다. 이들이 가입한 오스트리아노총이 총연맹으로서 전체
노동조합을 대표한다. 둘째는 노동조합과는 별개의 개념으로 각
사업장 내 전체 노동자들의 이해를 대표하는 기구인 종업원 평의
회가 있다. 노동법상 노동자 5명 이상 사업장에 의무적으로 설치된
다. 셋째는 노동조합도 아니면서 기업 내의 노동 이해 대변 기구도
아닌 노동회의소가 있다. 9개 주 단위로 조직되며 연방노동회의소
가 전체 노동회의소를 대표한다.

가입 대상이 서로 겹치는 부분이 있기 때문에 개별 노동자 중에
는 1개 또는 2개 기구에만 가입된 경우도 있고 세 기구 모두 가입된
경우도 있지만, 세 기구 어디에도 속하지 않은 노동자는 사실상 없
다. 그만큼 노동자 권익 대변 기구의 대표성이 높고 노동권 보호 수
준이 두텁다고 평가할 수 있다. 회비는 노조가 임금의 1.0%, 종업
원 평의회가 0.24%, 노동회의소가 0.5% 수준이어서 세 기구 모두
가입한 경우 최대 2.0% 이내의 회비를 납부하면서 다양한 서비스
를 누리게 된다.

오스트리아의 노동자 권익 대변 기구 세 곳은 서로 역할을 분담
하고 협력해 시너지 효과를 내고 있다. 노사 관계의 수준별로 보자
면, 중앙 단위에서는 총자본에 대응해 노총과 노동회의소가 동등
위원회의 한 축이 되어 공동으로 협력하며, 산업별 노사 관계는 노
총 산하의 산별노조가 전담하고, 기업별 노사 관계는 종업원 평의
회가 담당한다.

동시에 세 기구가 내용적 협력 관계를 통해 각 수준별 노사 관계

를 밀도 있게 지원한다.

사업장 내 노사 관계를 담당하는 종업원 평의회와 노조의 관계를 보면, 해당 사업장 노조원들이 종업원 평의회에 적극 참여할 뿐만 아니라 기구 결성을 주도하고 간부 역량을 책임지는 등 직접적으로 지원함으로써 사실상 조직적인 관계를 형성하고 있다. 노동회의소는 종업원 평의회와 직접적인 조직적 관계를 형성하지는 않지만 전문가들이 노조와 긴밀한 협력하에 정보 제공, 법률 자문, 경제적 문제와 신기술 도입 및 작업장 안전 문제에 대한 교육 등을 통해 지원한다.

노동회의소는 산업별 노사 관계를 책임지고 있는 노동조합 활동에 대해서는 소속 전문가들의 경제 및 산업 정책, 노동시장, 임금, 노동조건 등에 대한 밀도 있는 맞춤형 연구와 분석, 교육, 법률 자문 등을 통해 역량을 강화할 수 있도록 지원한다.

이 같은 활동과 연관되어 각 나라 노동회의소 사무국 근무자들 중에는 각 분야의 이론적 전문가와 법률인들, 그리고 종업원 평의회와 노동조합에서 활동 경력을 쌓은 전문 인력들이 포진해 있다. 또한 오스트리아 노동회의소가 노조 활동가들의 정책 역량을 강화하기 위한 사회아카데미(SOZAK), 종업원 평의회 활동가들을 위한 아카데미와 교육 훈련 과정을 시행하고 있다.

개별 기업이나, 특정 산업을 넘어서는 전 산업의 경제 및 사회적 정책과 제도에 대한 대응 능력이 요구되는 중앙 단위 노사 관계에서는 노총과 노동회의소가 직접적이고 전면적인 공동 대응 체제를 형성하고 있다. 노동회의소는 막대한 규모의 회비 수입을 기반으로 경제와 사회 분야에서 실력을 갖춘 전문가들을 고용해 질 높은 연구와 입법 대응 등 이론적 대응 체제를 갖춤으로써 노총과 시너지 효과를 내고 있다. 이런 활동은 오스트리아에서 경제·사회 문제에 대한 정치적 논쟁이 벌어졌을 때 중요한 기초자료와 기준점으로 활용되고 있다.

노동회의소는 노동자를 대표해 행정기관의 각 위원회는 물론 노동사건 재판부에도 법관을 파견한다. 오스트리아는 1987년부터 노동 및 사회보장 사건을 전담하는 노동 사회 법원을 설치해 운영하고 있다(오스트리아는 물론 독일·프랑스·영국 등 선진국에서는 우리나라의 가정법원이나 특허법원처럼 노동 사건을 전담하는 노동 법원을 별도의 전문 법원으로 설치해 운영하고 있다). 노동 사회 법원의 재판부는 1심은 직업 법관 1명과 전문가 명예 법관 2명, 2심은 직업 법관 3명과 전문가 명예 법관 2명으로 구성된다. 3심인 대법원 재판부는 원칙적으로 직업 법관 3명으로 구성되지만 노동 및 사회보장 관련 사건 재판부는 예외적으로 직업 법관 7명과 전문가 명예 법관 3명으로 구성된다. 전문가 명예 법관은 노동회의소와 경제회의소가 각각 선출한 명예 법관 후보자의 각 명부에서 재판장인 직업 법관이 임명하며, 임기는 5년이다.

이처럼 노동회의소는 각 수준별 노사 관계에 대응해 노동조합과 종업원 평의회의 싱크 탱크로 기능하는 한편, 중앙 단위에서는 노총과 직접 노사 관계의 축으로 참여해 노동자를 대변한다.

| 그림 6 | 오스트리아 노동회의소와 노총의 역할 분담과 협력

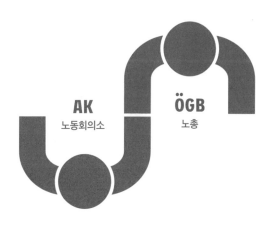

법률 자문, 권리 보호와 소비자 보호	●┄┄┄┄┄┄┄┄┄●	임금 등 단체협약
정보 수집 및 제공	●┄┄┄┄┄┄┄┄┄●	종업원 평의회 운영 및 지원
국가기관을 대상으로 권익 대변에 중점을 둠	●┄┄┄┄┄┄┄┄┄●	산업별 및 기업별 권익 대변에 중점을 둠
법적 의무 가입	●┄┄┄┄┄┄┄┄┄●	자발적 가입
전문가 그룹 중심 조직	●┄┄┄┄┄┄┄┄┄●	활동가 중심 투쟁 조직

AK 노동회의소

ÖGB 노총

자료 : Mulley(2019, 29).

2) 노동회의소와 노동조합의 보완관계: 활동가와 전문가

노동자의 권익을 대변하는 노동회의소와 노동조합은 각각 자기 조직의 회원들에 대한 유용한 정보 제공 및 상담 그리고 교육과 훈련 등 그 역할이 중첩된 부분도 있지만 〈그림 6〉에서 보는 것처럼 중심적인 기능에 차이가 있다. 노동조합은 임금 및 단체협약을 위한 단체교섭과 단체 행동을 담당하지만, 노동회의소의 주요 역할은 전체 노동자인 회원의 권리 보호와 법률 자문 그리고 다양한 교육 훈련을 제공하는 것이다. 노조가 노동자의 산업별 또는 기업별 이해관계에 중점을 두는 반면, 노동회의소는 정부의 정책이나 국가기관을 대상으로 노동자의 권익을 대변한다.

활동을 앞장서 이끌어 가는 집행 간부의 성격에서도 노조와 노동회의소는 상호 보완적이다. 노동조합의 간부가 노동 현장을 잘 알고 대변하는 활동가라면, 노동회의소의 간부는 이론과 지식을 갖춘 전문가이다.

첫째, 노조 집행부는 노조에 가입한 노동자들의 투표로 선출되며, 조직된 노동자들의 권익을 대변하는 것이 일차적인 임무이며, 다음 번 노조 선거에서 그 성과를 심판받는 구조이다. 엄밀하게 말해 전체 노동자의 27% 수준인 노조 가입자의 대변자이자, 이론적 영역보다는 현장 조직 활동에서 단련된 활동가들이다.

둘째, 반면 노동회의소 간부는 법률, 산업, 노동, 소비자 보호 등 다양한 이론적·지식적 영역에서 능력을 갖춘 전문가들이다. 노동회의소 간부들도 노조와 마찬가지로 회원들의 투표를 통해 선출되지만, 회원의 구성이 노조원보다 노조에 가입하지 못한 (전체 노동자의 70%가 넘는) 미조직 취약 계층이 더 많기 때문에 전체 노동자를 대변해야 하는 차이가 있다.

셋째, 노동조합과 노동회의소는 서로 대체 관계가 아닌 보완적인 관계이며 노동자의 권익을 좀 더 종합적으로 대변하기 위해 서로를 필요로 한다. 이와 관련해 오스트리아 노총은 노동회의소가 필요한 이유를 6가지로 정리하고 있다. ① 노동회의소는 전문가로 구성된 노동자 싱크 탱크로, 노조의 조력자 역할을 수행한다는 점, ② 소비자 보호, 법률 자문, 교육 등으로 노총에 대해 전폭적 지원을 한다는 점, ③ 파업이나 시위 같은 투쟁을 조직하는 데 도움을 준다는 점, ④ 종업원 평의회와 직장평의회(공공 부문)의 지원자 역할을 수행한다는 점, ⑤ 공공 부문 노동자들을 특화해 좀 더 효율적으로 대변한다는 점, ⑥ 노조가 주도하는 단체협약 체결에 도움을 준다는 점 등이다.

3) 3가지 중점 사업

노동회의소의 대표적인 기능은 ① 노동자의 입장에서 바라본 전문 지식 제공, ② 회원을 위한 다양한 서비스(특히 법률 자문, 권리 보호 및 교육), ③ 국가 기관을 대상으로 이해관계 대변, ④ 기초 학술 연구, ⑤ 노동조합과 종업원 평의회의 임원과 간부를 위한 교육과 맞춤 서비스 등이다.

오스트리아 노동회의소의 경우 업무 영역은 매우 다양하지만 가장 대표적인 업무는 다음 세 가지다.

첫째, 법률안에 대한 검토와 공동 결정 형식의 입장 표명, 입법

과정과 정책에 참여하는 것이다. 입법 과정에 대한 참여는 노동자 전체는 물론, 소비자보호법상의 소비자들까지를 포괄해 입법 과정에 연계되어 있는데, 노동회의소가 입법안을 노동자와 소비자의 입장에서 판단하고, 법안 개정을 위한 제안을 할 수 있으며, 관련 여러 자문위원회나 위원회에 참여함으로써 법률의 실행에 간여하고 있다.

노동회의소는 2018년 한 해 동안 910개의 법률과 시행령, 규정 등을 검토하고 평가해 의견을 제출하는 등 적극적인 입법 활동에 나섰다. 이 가운데 615건은 국가 수준의 의견 및 규정, 100건은 연방법, 33건은 유럽연합법, 124건은 규정, 38건은 기타 법령이다.

노동회의소가 노동자를 대표해 입법 및 정책 과정에 적극적으로 개입함으로써 거둔 성과는 상당히 많다. 1973년에 사업장 공동결정제가 도입되었고, 1975년에는 주당 40시간 노동제가 성립했다. 1979년 동일노동 동일임금에 관한 동등처우법이 제정되었고, 1986년에는 연간 5주 휴가제가 확립되었다. 1988년에는 파견 근로에 대한 보호법을 통과시켰고, 1990년에 남성 육아휴직제를 도입했다. 1992년에는 동일노동 동일임금을 넘어 동일 가치 노동 동일임금제를 확립시키고자 노동시장에서 시간제·일용직 근로자 등 비정규직들의 차별 금지를 성문화했다. 1995~96년에 공공보육 시스템을 완성했다. 2000년대에 들어 노동회의소와 노총은 연금 삭감에 반대해 공동 투쟁을 벌이기도 했다. 2010년에는 세계적 경제 및 재정 위기에 직면해 증권거래세를 도입했고, 2016년에는 조세개혁 과정에서 임금 소득에 대한 과세 감면을 실현하는 등 오스트리아 분배 정의를 진전시키는 노력이 성과를 얻기도 했다.

둘째, 노동자와 소비자를 위한 연구와 교육 훈련 기능이다. 앞에서도 말했지만, 노동회의소는 조직 구성상 고도로 숙련된 전문가들이 포진해 노동자들의 싱크 탱크로서 노동자들의 이익을 위해 활동하고 있으며 사회경제적 주요 문제들에 대한 연구를 수행하고 그 결과를 발표한다. 이런 연구는 노동자들의 삶의 현실을 파악해 개선 방안을 찾고 효과적인 정치적 입장 표명이나 대책 방안을 강구할 때 매우 중요한 근거로 사용된다. 노동회의소는 정기적으로 개별 산업 동향에 대한 분석 보고서를 발간함으로써 노동조합과 종업원 평의회의 단체교섭과 각종 활동을 뒷받침한다. 또한 노동조합과 경제회의소 및 농업회의소 등 다른 사회적 파트너들과 함께 연구 조사에 협력하기도 하며, 사회경제적 주제들에 대해 공동으로 정치적 담론을 형성하는 기초로 삼기도 한다.

노동회의소의 교육 훈련 사업은 크게 두 영역으로 나뉘는데, 노동조합과 종업원 평의회 활동가들의 역량 강화를 위한 교육 세미나와 일반 회원을 위한 교육이 그것이다. 노동회의소는 노총 및 대학과 공동으로 3단계 교육 프로그램을 진행하고 있다. 2018년 한 해 동안 879회의 세미나와 교육과정을 개설해 노조와 종업원 평의회 활동가 1만7,329명의 교육 훈련을 지원했다.

또한 2018년 한 해 동안 회원들에게 760만 유로(약 1백억 원)의 교육 바우처를 지급했다. 견습생, 이주 노동자, 장애인 등 취약 계층을 위한 일·학습 병행 교육 기회 확대, 디지털화에 적용하기 위한 직업교육, 회원들의 외국어 교육 지원, 교육 재정 취약 학교에 대한 자금 조달 사업도 추진하고 있다. 노동회의소는 전국에 95곳의 자체 교육 센터를 운영하고 있다. 빈 노동회의소의 교육 프로그램은 직장과 학교, 교육 바우처, 직업박람회 등에서 이뤄지며 2016년의 경우 약 5만4천여 명이 교육에 참가했다. 빈 노동회의소 회원 수가 90만 명으로 전체의 4분의 1 규모인 점을 감안하면 연간 20만 명 이상이 전체 노동회의소 교육에 참가하고 있는 셈이다.

셋째, 회원들의 일상생활과 관련된 무료 법률 상담 등 각종 서비스 기능이다. 노동회의소는 별도의 비용을 받지 않고 회원들에게 폭넓은 서비스를 제공한다. 예를 들면, 노동법상의 용무에 대한 상담과 정보는 물론 실업보험, 사회보험, 세법, 소비자 보호, 파산, 여성과 가족 정책 및 근로자 보호와 견습생 보호 측면에서 모든 법적 서비스를 한다. 노동자와 사용자 간에 분쟁이 있을 때 (앞에서 살펴봤듯이 노동회의소가 노동사회법원 재판부에 법관을 파견할 뿐 아니라) 법정에서의 서면 혹은 변호사 변론 등도 별도의 비용 없이 무료로 해준다.

2018년 오스트리아 노동회의소의 업무 보고 자료에 따르면 법률 상담은 노동, 사회 그리고 파산 등과 관련한 상담 136만4천 건, 소비자 보호 관련 상담 38만6천 건, 세법 관련 상담 20만7천 건 및 교육 관련 4만3천 건의 상담 등 총 2백만 건이 넘는 상담이 이루어졌다. 단순 계산으로 노동회의소 회원 370만여 명 전체가 2년에 한 번 꼴로 상담 서비스를 받은 셈이다. 137만3천여 건 가량이 전화로 상담이 이루어졌고 대면 상담은 47만 건, 서면과 메일 상담은 15만 5천 건이다. 독일 브레멘 노동회의소의 경우도 각각 연간 10만 건 내외, 독일 자를란트 노동회의소와 룩셈부르크 노동회의소에서도

| 표 13 |　2018년 오스트리아 노동회의소의 분야별 상담 건수(단위: 건)

총 상담 건수	2,000,000
노동, 사회문제, 파산	1,364,000
소비자 보호	386,000
세법	207,000
교육	43,000

| 표 14 |　2018년 오스트리아 노동회의소의 분야별 회원 혜택 금액(단위: 백만 유로)

총액	531.2
사회법	231.2
파산법	150.4
노동법	83.5
세금 환급	44.8
소비자 보호	13.7
교육 바우처	7.6

자료: AK(2018).

5~10만 건의 상담이 이루어지고 있다.

노동회의소가 상담, 법률 지원, 교육 훈련 지원 등의 활동을 통해 2018년 한 해 동안 회원들에게 지급한 경제적 혜택은 5억3,120만 유로(약 7,077억 원)에 해당한다. 규모가 가장 큰 분야는 퇴직연금, 재해보상, 건강보험 등을 포함한 사회법 분야로 2억3,120만 유로이다. 파산법에 근거한 파산 후 지원금은 1억504만 유로, 노동법 분야 8,350만 유로, 세금 문제 및 소비자 보호 분야 각각 4,480만 유로와 1,370만 유로 순이었다.

이는 회원이 낸 연간 회비 총액 4억7,600만 유로(약 6,188억 원)를 훨씬 초과하는 규모인데, 노동회의소는 이를 근거로 매년 회원들이 낸 회비 이상의 경제적 혜택을 회원들에게 돌려주고 있다고 자평한다. 실제로 오스트리아에서 법적인 문제가 생겨 일반 변호사 사무실에서 1시간 상담을 받는 데에만 1인당 노동회의소 연간 평균 회비 84유로(약 11만 원)보다 많은 비용을 지출해야 한다. 이처럼 노동회의소는 직장 생활은 물론 소비자 생활, 교육, 연금, 건강보험, 파산, 조세 문제에 이르기까지 삶의 구석구석을 포괄하는 사회경제적 서비스를 제공하고 있다.

이 같은 활동의 결과로 노동회의소에 대한 국민의 신뢰도는 매우 높다. 각 조사 기관의 정기적인 공공 기관 신뢰도 조사에 따르면 매년 노동회의소에 대한 신뢰도는 감사원과 헌법재판소에 버금가는 가장 높은 수준을 기록하고 있다. 2018년 조사에서도 오스트리아인 10명 중 8명은 노동회의소를 매우 신뢰하고 있다. 이것은 1996년 이래로 가장 높은 수치이다.

노동회의소 등 오스트리아의 노사 관계가
우리에게 시사하는 점은 무엇인가?

첫째, 미조직 취약 노동자가 노사 관계에서 소외되지 않고 적극 대변되고 있다는 점이다. 오스트리아 등 노동회의소 제도를 운영하고 있는 국가에서는 비정규직은 물론이고 실업자나 경제적 종속 상태에 놓인 특수 형태 근로 종사자 등 모든 노무 제공자들이 자신의 권익을 대변하는 조직을 갖고 노사 관계에 참여하고 있다. 이는 모든 노동자를 가입 대상으로 하고 실제로 모두 가입시키는 노동회의소 제도를 통해 가능했다.

현재 우리나라에서는 90% 미조직 취약 계층이 노동조합과 노사 관계 어디에서도 대변되지 못함으로써 사회경제적 양극화와 정치적 불안 요소가 되고 있다. 4차 산업혁명이 가속화될수록 불완전 고용이 확산되고 특수 형태 근로 종사자가 확대되어 상황은 더 악화될 것이다.

기업별 노조를 산별노조로 전환하고 전 세계적인 노조 조직률의 하락 추세를 극복한다고 하더라도 노동회의소만큼 소외되는 노동자 없이 전체의 권익을 대변하기는 어렵다는 점에서 미조직 취약 계층의 권익 대변 기구로서 노동회의소 제도의 가능성에 주목할 필요가 있다.

둘째, 노동자들의 삶과 생활 구석구석의 사회경제적 문제에 대한 포괄적 서비스가 이루어지고 있다는 점이다. 노동회의소는 노동조합과 경쟁하거나 대체하는 것이 아니라 상호 보완해 주는 협력 관계를 맺고 있다. 노동조합만 존재할 때와 노동회의소가 동시에 존재할 때는 노동자들에게 제공되는 서비스의 양과 질이 다르다. 중앙 정부나 지방 정부의 입법 활동에 대한 노동회의소의 노동자 대변 기능, 각 수준별 노사 관계에 대한 밀도 있는 연구 교육 기능, 노동·소비자 보호·파산·교육·복지 등 일상생활 문제에 대한 상담과 법률적 지원 기능은, 노동조합이 대신하기 어려운 노동자 권익 대변의 영역을 크게 확장한 것이다.

기업 단위 정규직 노동자의 임금 및 단체 협상 요구의 대변자 기능에 머무르고 있는 우리나라 노동조합의 협소한 활동 영역을 감안할 때, 노동자들의 삶과 일상생활의 사회경제적 문제에 대해 포괄적 서비스를 제공하고 있는 노동회의소의 성취에 주목할 필요가 있다.

셋째, 중앙 단위 노사 관계가 정부 주도가 아닌 노사 주도로 이루어지고 있다는 점이다. 동등위원회라는 오스트리아 중앙 단위 노사 관계의 구성원은 사회경제 분야의 가장 중요한 노와 사 그리고 농업을 대표하는 4대 이익 단체의 중앙 조직이다. 회의소 제도를 매개로 각 단체에는 이해 당사자가 100% 가입되어 있으므로 대표성이 매우 높다. 정부도 참여하지만 표결권은 주어지지 않으며, 이익 단체 간 협상과 조정을 지원하는 역할을 담당한다. 표결권을 갖고 있는 4대 이익 단체 대표가 의제에 대한 주도적 결정권을 갖고 있지만, 만장일치에 의한 전원 합의제를 채택함으로써 어느 이익 단체라도 반대하면 합의할 수 없다. 따라서 합의는 대등한 자격을 가진 각 사회경제적 이익 단체의 주도 아래 이루어진다.

우리나라의 경사노위 제도는 중앙 단위 노사 관계의 외형을 갖췄지만 노사 단체의 대표성이 매우 취약하고, 사실상 정부 주도로 의사 결정이 이뤄져 제 기능을 하지 못하고 있다. 회의소 제도를 통해 대표성을 갖춘 노사가 주도하며 정부는 지원 기능에 충실한 오스트리아 중앙 노사 관계의 성취에 주목해 대표성을 갖춘 노사 주도의 중앙 노사 관계로의 전환 방향을 적극 모색할 필요가 있다.

넷째, 유럽 노동회의소 모델은 그 나름의 역사적 맥락에서 탄생해 유지되고 있다는 점이다. 노사 관계나 사회적 파트너십의 특정한 유형은 해당 사회와 국가의 특수한 역사적 배경과 정치사회적 맥락에서 형성된 것이다. 오스트리아 노동회의소 모델은 이익 단체들 간의 협의와 조정을 통해 합의를 추구하는 사회적 동반자 제도와 대연정으로 대표되는 합의제 정치를 배경으로 한 것이다. 독일의 식민지에서 벗어난 제2차 세계대전 직후 중립 국가를 표방하고 경제적 불황과 정치사회적 위기를 극복하기 위한 돌파구로서 시작된 대연정이 오스트리아 합의주의의 정치적 표현이라면, 사회적 파트너십은 경제·사회적 표현이라 할 수 있다.

이 같은 맥락에서 사회적 동반자들인 이익 단체들은 특권적 지위를 부여받으며 정치체제 내에 깊숙이 뿌리를 내리고 입법·행정·사법 및 기타 분야에서 다양한 활동을 하고 있다. 오스트리아 노동·경제·농업회의소는 의무 가입 및 회비 의무 납부 제도를 통해 대표권의 독점과 탄탄한 재정적 기반 및 중앙 집중적 운영 체계에 입각한 조직력과 정치력을 갖추었으며, 2008년 헌법 개정을 통해 회의소 제도가 헌법적으로 정당성을 보증받았다.

회의소들은 입법 과정에서 입법안을 평가하고, 필요할 경우 입법안 초안을 제출하는 등 깊숙하게 개입할 권리를 가지며, 의회에 제출하기 이전에 이익 단체들 간의 합의를 통해 입법안을 사실상 확정하기도 한다. 행정부 내의 다양한 위원회에 참여할 뿐만 아니라, 사회보험 영역을 실질적으로 관리하고, 노동법이나 사회보험 중재 절차 등 특수 영역에서 시민 판사로 재판 과정에 개입할 권리도 갖는다. 또한 오스트리아의 정당과 사회경제적 이익집단이 서로 제도적 인적으로 밀접하게 연관되어 있는 점이 사회적 타협과 합의의 가능성과 집행력을 높인다.

이처럼 한국과는 다른 역사적 맥락과 정치사회적 토양 위에서 노동회의소의 뛰어난 대표성, 다양한 활동, 막대한 영향력 행사가 가능했기 때문에 이 점을 감안할 필요가 있다.

다섯째, 노동조합과 노동회의소가 발전해 온 역사적 맥락이다. 앞에서도 말했지만, 19세기 말, 20세기 초 노동회의소 도입이 논의되던 초기에 오스트리아 노동조합은 민주주의가 취약한 환경에서 설립 단계에 있던 노동조합과 노동회의소가 잠재적 경쟁 상대가 될 것을 우려했다. 그러나 이후 노동조합이 발전하고 노조를 대변하는 사회민주당의 영향력이 확대되자 노동조합은 노동회의소 도입을 적극 추진했다. 최종적으로 노동회의소 제도가 도입된 것은 노동조합이 주도한 사회민주당이 집권한 1920년대였다.

현재 노동회의소가 도입되어 운영되고 있는 오스트리아나 독일 2개 주는 노동조합과 사회민주당 및 여타 진보 정치 세력의 정치적 영향력이 매우 강한 곳들이다. 게다가 오스트리아 노동회의소는 정당 구조와 연계된 비례대표제의 원칙에 따라 투표를 통해 총회 위원을 선출함으로써 정당 구조와 밀접한 관계를 맺고 있으며, 독일 2개 주와 룩셈부르크 노동회의소는 노조에 총회 위원이나 대표자 회의 위원 후보자 명부 작성 및 추천권을 보장함으로써 노조와 긴밀한 관계를 구축하고 있다.

노동조합과 사회적 민주주의의 발전 정도에 따라 노동회의소에 대한 노동조합의 태도가 변화해 왔던 유럽 노동회의소의 역사는 노동회의소에 대한 현재 한국 노동조합의 태도와 변화 가능성을 이해하는 데 참고가 될 수 있다. 또한 노동조합의 적극적인 역할과 협력적 역할 분담 속에서 노동회의소가 발전할 수 있다는 점을 시사하고 있다.

3

한국형 노동회의소를
제안한다

현재 한국의 노사 관계에서 시급한 과제는 무엇인가?

첫째, 노동조직에서도 노사 관계에서도 소외되고 있는, 전체 노동자의 90%를 차지하는 미조직 취약 노동자층의 참여와 권익이 보장될 수 있어야 한다.

노동 3권을 보장받는 노동조합은 노동자 권익을 대변할 수 있는 핵심 기구로서, 조직률 증대를 통한 양적 확대와 산별노조 전환을 통한 질적 발전은 여전히 중요한 전략적 과제이다. 동시에 노동회의소, 노사협의회, 노동센터 등 노동조합 이외의 다양한 노동자 권익 대변 기구의 활성화를 병행함으로써 미조직 취약 계층의 열악한 노동조건을 시급히 개선해야 한다. 나아가 노조와 이들 권익 대변 기구 간의 생산적인 협업을 통해 미조직 취약 계층의 노동권을 좀 더 폭넓고 입체적으로 보호할 수 있는 시스템으로 발전시켜 나아가야 한다.

둘째, 기업별 노사 관계를 넘어서는 중앙 단위 및 산업별 노사 관계를 구축하고, 노조 조직률과 사실상 같은 수준에 머물고 있는 단체협약 적용률이 확대 적용될 수 있게 해야 한다.

산업별 사용자단체 구성과 산업별 노사 단체교섭을 제도화해 산업별 노사 관계가 실질적으로 작동할 수 있도록 해야 한다. 지나친 정부 주도성, 취약한 노사 단체의 대표성 등 현재 사회적 대화의 문제점을 개선함으로써 노동과 자본의 조직적 대표성을 갖춘 사회적 대화의 주체들이 주도해 노동 및 고용, 산업 및 경제정책 전반에 대한 책임 있는 협의가 가능한 중앙 단위 노사 관계를 구축해야 한다.

단체협약 효력 확장 제도를 프랑스 등 선진국 수준으로 대폭 개선해 노동조합에 가입하지 못한 비정규직 등 취약 노동자층에게도 노사 협약의 혜택이 돌아가도록 해야 한다. 이를 위해 하나의 산업·지역·업종 단위에서 체결된 단체협약에 대해, 그 사회적 기능을 고려해 고용노동부 장관이 노동위원회의 의결을 거쳐 그 효력의 확장을 결정할 수 있도록 해야 한다.

셋째, 노사협의회 제도가 정상적으로 기능하게 하고 유럽처럼 노동자 5인 이상 사업장까지 확대해야 한다.

현행 근로자 참여 및 협력 증진에 관한 법률에 따르면 30인 이상 사업장은 노사협의회를 설치하도록 규정하고 있기 때문에, 특히 노조가 없는 사업장의 경우 노동자 권익을 대변하는 유일한 공식 조직이라 할 수 있다. 그러나 2016년 한국노동연구원의 실태 조사에 따르면 대상 사업장 중 43%는 아예 노사협의회가 설치되지 않았으며, 미설치 사업장의 절대다수가 노조 없는 사업장으로 나타났다. 설치된 곳도 대부분 비정규직 등 취약 계층의 참여가 극히 낮고, 일부 사업장에서는 형식적으로 또는 사용자 의도대로 움직이는 등 운영 실태가 부실했다. 노조의 보호를 받지 못하는 대다수 취약 노동자층에게 노사협의회가 그나마 권익 대변 기구로서 기능할 수 있도록 관리 감독의 강화, 위원 선출 제도 등 운영 전반에 걸친 제도 개선이 필요하다. 독일의 종업원 평의회 제도와 같이 설치 대상을 5인 이상으로 확대하고 일부 경영 의사 결정에 참여할 수 있는 기회도 보장해야 한다.

넷째, 노사가 주도적으로 4차 산업혁명에 대응할 수 있는 노사 관계가 필요하다.

압축적 고도 성장기에 노동을 배제하고 정부가 일방적으로 산업화를 주도해 온 과거의 시스템으로는 4차 산업혁명에 성공할 수도 없고, 4차 산업혁명으로 인한 고용 불안과 노동조건의 악화에도 대응할 수 없다. 노사의 참여와 주도에 기반해 사회 전 분야의 정책적·제도적 혁신이 가능한 노사 관계로 나아가야 한다.

90% 미조직 취약 계층의 권익을 대변하기 위해 어떤 노력이 진행되고 있는가?

다양한 시도가 계속되고 있는데, 이를 추진 주체와 권익 대변 기구의 형태를 기준으로 분류하면 네 가지 유형으로 나눌 수 있다.

우선 추진 주체를 기준으로 양대 노총 등 기존 노동조합운동의 시도와 새로운 세력의 시도로 나눌 수 있고, 이를 다시 권익 대변 기구의 형태를 기준으로 각각 두 가지 유형으로 나눌 수 있다.

기존 노조들은 대기업 정규직 중심의 기업별 노조 운동 방식을 탈피하기 위해 산별노조 체제로 전환하려 애써 왔고, 비정규직이나 사내 하청 등의 노조 결성 및 가입을 추진해 왔다. 노조 가입을 제한하는 노동법의 관련 조항 개정이나 국제노동기구(ILO) 협약 비준을 통해 단결권을 확대하려 하고 있다. 기존 노조의 이 같은 노력을 유형 ①로 분류할 수 있다.

유형 ②는 기존 노동조합이 주도해 비정규 상담 센터나 복지센터를 운영하거나 시민단체와 네트워크를 강화함으로써 취약 계층의 권익을 보호하려는 시도이다. 공공, 사무, 금융 부문 노조가 기금을 조성하고 공익 재단을 만들고 불평등과 사회 양극화를 위해 노력하는 사회 공헌 활동이나, 봉제 업종에서 노사가 공제회 활동을 통해 노조에 가입하지 못하는 노동자들의 권익을 대변하려는 시도도 넓게 보면 여기에 포함된다.

유형 ③은 기존 노조의 외곽에 있던 당사자들이 새로운 분야 또

| 표 15 | 미조직 취약 계층 노동자의 권익을 대변하려는 시도의 네 가지 유형

		이해 대변의 형태	
		노동조합	비노동조합
이해 대변의 주체	기존의 노동조합 행위자	유형 ① 기존 노동조합 주도의 노조 조직화: 전략적 혁신과 조직화 노력의 심화	유형 ② 기존 노동조합 주도의 비노조적 방식의 이해 대변 시도: 시민사회와의 연대와 네트워킹 강화
	새로운 주체	유형 ③ 새로운 주체들이 주도하는 노동조합 형성 시도	유형 ④ 새로운 주체들이 주도하는 비노조적 방식의 이해 대변 활성화

자료: 박명준 외(2014, 12).

는 형태의 노동조합을 결성해 미조직 취약 계층의 권익 대변기구로 등장하는 경우이다. 대표적으로 청년유니온, 대리기사노동조합, 여성노동조합과 같이 불안정 노동자층을 대변하기 위한 일반 노조 또는 특수 직종 노조 형태의 노조를 들 수 있다.

유형 ④는 새로운 주체들이 (이 글의 주제인) 노동회의소, (서울시 주도 민관 협력) 노동센터, 협동조합, 협회, ('직장갑질119'와 같은) 온라인 카페, 기타 다양한 커뮤니티 등 노조가 아닌 형태로 권익 대변을 꾀하는 시도들이다. 여기에는 당사자들이 노조 결성의 엄두를 내지 못하거나, 노동법상 노조가 허용되지 않는 대상이거나, 노조의 한계를 넘어서려는 목적이 있거나 등등 다양한 상황이 작용하고 있다.

기존의 대기업 정규직 중심 기업별 노조 체제를 극복하려는 공통의 목적이 담긴 네 가지 유형의 시도들은 모두 의미가 있고 일정한 성과도 나오고 있지만, 절박한 상황을 감안하면 '좀처럼 돌파구가 보이지 않고 있다'는 것이 냉정한 현실이다.

단적으로 20년이 넘게 계속되고 있는 노동계의 산별노조로의 전환 시도는 안팎의 장애요인이 겹쳐 실질적인 성과가 나지 않고 있다. 그렇다고 포기할 수 있는 일도 아니기 때문에 함께 끈질기게 추진해 나가야 한다. 더구나 유럽에서 보듯이 설사 산별노조 체제가된다 해도 조직률 하락 추세 등 해결해야 할 문제가 많이 남기 때문에 더 많은 고민이 필요할 수밖에 없다.

이는 세계적으로 유례없는 기업별 노조 체제를 극복해야 하는, 정답이 정해져 있지 않은 '가보지 않은 길'을 찾아내야 하는 문제라고 할 수 있다. 특정 유형을 선택해야 하는 것이 아니라 각각의 시도들이 모두 의미 있다. 따라서 한 가지 유형을 고집하면서 다른 유형의 시도를 배척하려는 태도가 더 문제가 될 수도 있다. 열린 자세로 현 상황을 극복할 수 있는 방법을 다양하게 찾아봐야 한다.

Q&A 30
한국형 노동회의소에 대한 논의는 언제부터 시작되었는가?

노동계 내에서는 10여 년 전부터 한국노총을 중심으로 노사가 주도하는 새로운 중앙 단위 노사 관계 모델의 필요성을 제기해 왔다. 참여정부 때인 2006년에는 노사정위원회에서 '노사 관계 패러다임 전환을 위한 노사 주도의 정책 사업 추진 기본 합의문'이 의결되기도 했다. 그러나 정치권의 이해 부족과 관료들의 실질적인 반대에 부딪혀 고용노동부 산하 기타 공공 기관인 노사발전재단의 설립으로 귀결됨으로써 노사 주도의 노사 관계나 새로운 노동자 권익 대변 기구 설립의 취지는 실패로 돌아갔다.

유럽의 노동회의소를 모델로 하는 한국형 노동회의소 설립 논의가 본격적으로 시작된 것은 한국노총 위원장 시절부터 그 필요성을 제기해 온, 이 책의 저자 가운데 한 사람인 이용득 의원이 제20대 국회에 진출한 2016년부터라고 할 수 있다. 초기에는 노사 양자 대화에 의한 중앙 단위 노사 관계 구축에 초점이 맞춰졌다면 최근으로 올수록 노동회의소 제도 도입으로 구체화되었다. 이용득 의원은 현재까지 3년여 동안 노동회의소 관련 연구 용역 발주, 토론회, 강연회 등을 활발하게 진행했고 2019년에는 노동회의소 설치를 위한 법안을 대표 발의했다.

2016년 제20대 총선에서 당시 국민의당이 노동회의소 설립을 공약했다. 2017년 제19대 대선에서는 문재인 후보가 한국형 노동회의소 설치를 공약으로 내세우고 당선되었고, 2018년 제7회 지방선거에서는 박원순 서울시장 후보와 이재명 경기도지사 후보가 각각 노동회의소를 지향하거나 취지를 살린 지방정부 노동정책 공약을 내세우고 당선되었다. 물론 서로가 생각하는 노동회의소의 모습은 조금씩 다르다고 할 수 있다. 2020년 제21대 총선에서 더불어민주당이 노동회의소 설립을 공약에 포함시켰다.

이 같은 움직임과 맞물려 노동계, 국회와 정당, 중앙 부처와 지방정부 차원에서 유럽 노동회의소에 대한 이해를 높이고 한국형 노동회의소 모델의 구체적인 상과 추진 경로를 모색하기 위한 연구 용역 발주, 오스트리아 노동회의소 관계자 초청 국제 심포지엄, 강연회 등이 진행되었다. 학계에서는 1990년대 말부터 오스트리아 모델을 소개하는 연구가 발표되었지만 주로 사회적 동반자 제도에 초점을 맞춰 오다가 2010년즈음부터 유럽 노동회의소 조직의 운영과 역할을 소개하기 시작했다. 2016~2019년 사이에는 연구 용역 결과 보고서와 토론회 등을 통해 관련 전문가들의 연구와 의견 개진이 이전에 비해 활발하게 이루어졌다. 현재까지 발표된 노동회의소 관련 주요 연구를 정리하면 다음과 같다.

- 김강식·어기구, "노동회의소(AK) 조직과 운영실태: 독일, 오스트리아 사례를 중심으로," 경제사회발전노사정위원회 연구용역보고서, 2012.
- 고영국, "포용적 노동자 대표기구를 위해-서울형 노동회의소의 필요성," 민주연구원, 2017.
- 이용득의원·한국노총·프리드리히 에버트 재단 주최 국제 심포지엄 자료집, "외국의 사례로 본 한국형 노동회의소의 필요성과 도입 방향," 2017.
- 이호근·임상훈·김기우, "지속가능한 복지사회 건설을 위한 '새로운 노사 관계 모델' 도입 방안에 관한 연구," 이용득의원실, 민주연구원, 한국노총 연구용역보고서, 2017.
- 김혜진·이병훈·진숙경·박명준, "미조직 취약 노동자 지원 체계 구축 방안 연구," 고용노동부 연구용역보고서, 2017.
- 제갈현숙, "독일 노동회의소가 한국에 주는 시사점: 역사적 의미와 기능을 중심으로," 민주노총 정책연구원, 연구노트 2017-01호, 2017.
- 민병길 외, "경기도형 노동회의소 설립 추진 방안," 경기연구원, 2018.
- 이호근·임상훈·김기우, "미조직 취약 노동자 권익 보호 연구: 지방자치단체 중심으로," 고용노동부 연구용역보고서, 2018.
- 김성희, "서울형 노동회의소 도입 방안," 서울특별시의회 연구용역보고서, 2019.

최근 3년여 동안 노동회의소 도입에 대한 논의가 충분히 무르익었다고 보기에는 이른 감이 있으나, 적극적인 도입을 주장하는 흐름이 등장했고, 경로에 대해서도 장단점을 지닌 두 가지 방식이 각각 제안되었으며, 신중론 또는 반대론이 제기되는 등 일정한 논의 지형이 형성되고 있다.

적극적 도입론은 대체로 노동조건의 격차와 사회적 양극화가 갈수록 심각해지는 데다 4차 산업혁명 시대의 불확실성과 고용 불안이 더해지고 있는 상황인데도, 기업별 노조 체제가 고착되고 노조 조직률이 10%대에 머물러 90% 미조직 취약 계층의 권익이 대변되지 못하고 있는 점을 근거로 들고 있다. 노동계의 산별노조(교섭) 전환과 조직률 확대 노력은 계속되어야 하지만, 사용자와 정부의 비협조 때문에 단기간에 결실을 기대하기 어려운 현실을 감안해 다른 경로로 노동회의소가 동시에 추진되어야 한다는 것이다. 또한 노동조합과 노동회의소가 병존하는 오스트리아 등의 사례를 통해 노사가 주도하는 중앙 단위 노사 관계를 모색함으로써, 지나친 정부 주도로 제대로 기능하지 못하고 있는 사회적 대화를 복원할 수 있다는 것이다.

한국형 노동회의소 추진 경로와 관련해서는 전체 노동자를 위한 노동회의소를 중앙과 지역에 걸쳐 구축하는 방식(top-down), 지역의 가능한 부분부터, 즉 현재 운영되고 있는 노동센터 등을 중심으로 활동 주체들이 경험을 축적하고 역량을 강화한 후 이들 기구를 포괄적으로 제도화해 노동회의소와 같은 새로운 권익 대변 기구를 발전적으로 추진하는 방식(bottom-up)의 두 가지 경로가 제시되었다.

반면 노동회의소 도입에 대해 신중론 또는 반대론도 제기되었다. 노동회의소가 운영되고 있는 오스트리아 등 관련 국가와 한국의 여건이 크게 다르며, 미조직 노동자들의 '노조 할 권리' 등 노동 3권이 무시되고 있는 상황을 개선하고 산별 교섭을 법제화하는 것이 더 시급하다는 것이다. 한편에서는 노동회의소 추진이 노동조합 확대와 충돌할 수 있다는 점, 주체 형성의 불확실성, 재원 마련의 어려움 등의 우려를 제기하고 있다. 결국 현재 노동조합의 주도권을 잃을지 모른다는 오해와 편견에서 비롯된 반대론도 있지만 앞서 살펴보았듯이 노조와 상호보완적 관계에 있기 때문에 잘못된 인식은 불식되어야 할 것이다.

Q&A **31**

문재인 대통령의 대선 공약인
'한국형 노동회의소 설치'의 내용과 진행 상황은?

2017년 제19대 대선에서 문재인 후보는 한국형 노동회의소 도입을 주요 노동 공약의 하나로 제시했다. 한국형 사회적 대화 기구를 설립하고 10%에 불과한 노조 가입률과 단체협약 적용률을 획기적으로 높여 미조직 노동자들의 권리를 보장하는 방안으로 노동회의소 설립을 제시한 것이다.

이를 위해 법정 경제 단체인 상공회의소처럼 '노동회의소'를 법정 노동 단체로 설립할 수 있도록 제도 도입을 추진해 중·소·영세,

19대 대선 문재인 후보 노사 관계 관련 주요 공약

'한국형 사회적 대화 기구'를 만들어 '노동 존중 사회 기본 계획'을 수립

— 한국형 사회적 대화 기구 설립

— 노동시장 이중구조 개선과 4차 산업혁명에 따른 고용·취업 형태의 다양화에 대비하기
  위해 노사정 사회적 대타협으로 노동 존중 사회 기본 계획을 수립

10%에 불과한 노조 가입률과 단협 적용률을 획기적으로 높여 노동 존중 사회 실현

— 노조 가입률과 단협 적용률을 높이기 위한 법 제도 개선 추진

— 헌법상 노동기본권 보장: 특수 고용 노동자, 실직자·구직자 등 노동기본권 보장, 근로시
  간 면제 제도 및 교섭 창구 단일화 제도 개선 방안 마련. 산별 교섭 등 초기업 단위 단체
  교섭 촉진(산별 교섭이 이루어질 수 있도록 제도를 마련, 산업별 노사정 대화 적극 추진). 단체
  협약 적용 범위 확대 및 효력 확장 제도 정비

90%의 중소·영세 미조직 노동자들의 권리를 보장

— 미조직 노동자 지원 조직 '한국형 노동회의소' 설립 추진: 법정 경제 단체인 상공회의소
  처럼 '노동회의소'를 법정 노동단체로 설립할 수 있도록 제도 도입 추진. 중소·영세, 비정
  규직, 특수 형태 근로 종사자 등 취약 계층 노동자들에 대한 법률 서비스, 직업 능력 개
  발, 복지 지원 사업, 정책 연구 사업 등을 수행

— 사업장 내 근로자 이해 대변 기구인 '종업원 대표' 제도의 실질화

자료: 더불어민주당, "제19대 대통령 선거 더불어민주당 정책 공약집," 2017.4.

비정규직, 특수 형태 근로 종사자 등 취약 계층 노동자들에 대한 법률 서비스, 직업 능력 개발, 복지 지원 사업, 정책 연구 사업 등을 수행하게 한다는 것이다.

문재인 정부 출범 후 제시된 '대선 공약 이행을 위한 100대 국정 과제' 가운데 63번째 국정 과제 '노동 존중 사회 실현' 항목을 보면 주요 내용의 하나로 '중소·영세 미조직 노동자 권익 보호를 위한 지원 체계 구축'이 있다.

문재인 정부의 국정 과제 중 노동회의소 관련 내용

---

63. 노동 존중 사회 실현(고용노동부)

☐ 주요 내용

(근로자 이해 대변 제도의 확충) 2018년부터 근로자 대표 제도 기능 강화, 중소·영세 미조직 노동자 권익 보호를 위한 지원 체계 구축

고용노동부는 노동회의소 설치 방안 검토 내용이 포함된 미조직 취약 노동자 지원 체계 구축 방안과 권익 보호 방안에 관한 연구 용역을 2017년과 2018년 각각 한 건씩 발주했다.

이처럼 한국형 노동회의소 설립 추진 대선 공약은 관련 연구 용역 발주 이외에 구체적인 이행 내용이 부실해 앞으로 적극적인 보완 대책이 필요한 상황이다.

20대 국회에서 노동회의소 제도 도입을 위해
발의된 법안의 내용은?

2019년 2월 당시 이 책의 저자 중 한 명인 이용득 의원은 여야 의원 40명과 함께 '노동회의소의 설립 및 운영에 관한 법률안'을 대표 발의했다. 또한 4월에는 관련 입법으로 미조직 취약 계층의 권익 보호와 대변 기구 사업을 고용보험 사업의 하나로 포함시키기 위한 고용보험법 일부 개정 법률안도 대표 발의했다.

이 법안은 90% 미조직 취약 계층 노동자의 이해 대변 기구를 설립해 권익을 보호하고 중앙 단위 노사 관계의 기반을 구축하는 것을 목적으로 했다. 노동회의소는 특수 형태 근로자, 실업자를 포함한 사실상 모든 노동자를 가입 대상으로 포괄했다. 다만 공무원과 농업회의소 가입 대상인 농어업 종사자 등은 제외했다.

각종 법률 상담 서비스, 입법 대응 및 정책 분석과 대안 제시, 직업 능력 개발, 노조와 노조 간부 역량 강화 지원 등 다양한 방식으로 이익을 대변하는 기능과 역할이 제시되었다. 회원의 가입과 탈퇴는 본인의 의사에 따라 자유롭게 할 수 있도록 했고, 재원은 회원의 회비를 기본으로 하고 사업 수행에 필요한 국가와 지자체의 보조금도 지원받을 수 있도록 했다.

지역별 노동회의소와 중앙 노동회의소를 두며, 의결기관인 대의원 총회와 집행기관인 상임위원회 및 사무국을 두도록 했다. 대의원은 회원의 직접·비밀·무기명투표에 의해 선출하도록 했다.

| 표 16 | 이용득 의원 대표 발의 노동회의소 법안의 주요 내용

	내용
설립 목적	90% 미조직 취약 계층 노동자의 이해를 대변하는 기구를 설립함으로써 이들의 권익을 보호하고 중앙 단위 노사 관계의 기반을 구축
기능과 역할	① 국회·정부·지자체의 각종 법안 및 사업 등에 대한 분석, 입장 표명과 의견 제안, ② 법률 상담, ③ 직업 능력 개발과 교육·훈련 서비스, ④ 취업 및 전직 지원 서비스, ⑤ 고용과 권리 보호를 위한 각종 정책 연구 및 교육, ⑥ 노동권 보호를 위한 국제 협력 활동, ⑦ 중앙 및 지역 단위 사회적 대화 및 지원, ⑧ 미조직 취약 계층의 경제·사회·직업·문화 활동 지원, ⑨ 노동조합 및 사업장 근로자 대표 조직에 대한 정보 제공 및 교육 등 지원, ⑩ 국가와 지방자치단체로부터 위탁받은 사업, ⑪ 그 밖의 부대 사업
회원 자격	근로기준법 제2조 제1항 제1호에 따른 근로자, 특수 형태 근로 종사자, 구직 의사와 능력이 있음에도 취업하지 못한 자(국가공무원법 및 지방공무원법에 따른 공무원, 농어업 종사자 등은 제외)
회원의 가입과 탈퇴	가입 신청을 하고 승인을 받음으로써 회원이 되고, 탈퇴 시에는 의사를 알리고 탈퇴할 수 있음(임의 가입과 탈퇴)
지역과 중앙의 노동회의소	각 지역마다 지역 노동회의소를 두고 지역 노동회의소를 대표하는 중앙 노동회의소를 둠(노동회의소의 법인격은 법인임)
기관	의결기관인 대의원 총회와 집행기관인 상임위원회 및 사무국
대의원과 이사회 대표 선출	─ 각 지역 노동회의소마다 1백 명 이내의 대의원을 두고, 중앙 노동회의소의 대의원 수는 정관으로 정함 ─ 지역 노동회의소의 대의원은 회원의 직접·비밀·무기명 투표에 의해 선출, 중앙 노동회의소의 대의원은 지역 노동회의소에서 선출
재정	회원은 정관으로 정하는 바에 따라 회비 납부의 의무가 있음 국가와 지방자치단체는 노동회의소 사업의 수행에 필요한 보조금 등을 지급할 수 있음

노동회의소법안의 특징과 절차는?

이 법안이 제시하고 있는 한국형 노동회의소의 특징은 다음과 같다.

첫째, 정규직은 물론이고 비정규직, 특수 형태 근로 종사자, 실업자 등 모든 노동자를 가입 대상으로 하는, 미조직 취약 계층을 포괄한 전체 노동자의 권익 대변 기구를 지향하고 있다.

둘째, 강제 가입제가 아닌 임의 가입제를 채택하고 있다. 이는 노동회의소 제도가 헌법적 근거를 확보한 유럽과 달리 헌법상 결사의 자유 위반 논란이 불가피한 점을 감안해 의무 가입이 아닌 주체적 조직화에 중심을 두었다. 그러나 유럽 사례에서 보듯이 의무 가입제가 가장 바람직할 뿐 아니라 재정 자립 문제와도 연관돼 있는 만큼, 앞으로 위헌 논란을 넘어설 수 있는 적극적인 헌법 해석, 또는 필요할 경우 헌법 조항의 개정 등 좀 더 적극적인 대안을 찾아나갈 필요가 있다.

셋째, 재원은 회원의 회비를 기본으로 하고 있다. 다만 강제 가입제가 아니어서 회비만으로 운영이 여의치 않을 경우 불가피하게 국가 및 지방 재원의 지원을 받을 수 있도록 하는 근거 조항을 두고 있다. 미조직 취약 계층의 권익 보호와 대변 사업을 고용보험 기금 사업에 포함되도록 함으로써 필요할 경우 고용보험 기금 사업과 연계하는 방안을 열어 두고 있다.

넷째, 정당이나 노조와 연계되지 않은 대의원 선출 제도를 채택하고 있다. 이는 오스트리아처럼 정당 구조와 연계된 대의원 선출 제도를 채택하기에는 정당정치의 여건이 크게 다르다는 점을 감안한 것이다. 다만 노조 등에 대의원 선거 명부 추천권을 일정 부분 보장하는 방안은 추후 논의 가능한 것으로 판단된다.

통상 국회의 법안 처리 절차는 ① 상임위원회 전체 회의 상정 → ② 상임위 소위원회 심의 → ③ 상임위 전체 회의 의결 → ④ 법제사법위원회 체계 자구 심사 → ⑤ 본회의 통과의 절차를 거친다. 2019년 2월에 발의된 한국형 노동회의소 법안은 그해 7월 8일에 국회 환경노동위원회 전체 회의에 상정되고 법안 소위에 회부되었지만 더 이상 앞으로 나아가지 못했다.

절차로만 볼 때 이후 법안소위 심의를 거쳐 환경노동위원회 법안 심의를 마치게 되면 전체 회의 상정 및 의결, 법제사법위원회 심사를 거쳐 본회의 통과 절차를 밟게 된다. 그러나 2020년 5월 말 제20대 국회가 종료되어 '임기 만료 폐기'되었다.

Q&A 34
서울시의 '서울형 노동회의소'와 경기도의 '경기도형 노동회의소' 도입 계획은 어떻게 진행되고 있는가?

노동조합과 더불어 노동자 권익 대변 기구의 새로운 형태를 모색하는 다양한 움직임이 있어 왔다. 또한 노동자의 권익을 보호하기 위한 노동정책이 중앙정부만의 권한이거나 책임인 것은 아니다. 해외 사례 중에는 지방정부나 지역 시민사회의 모범적인 노동자 지원 기구들이 있다.

연방제 국가인 독일의 브레멘 주나 자를란트 주에서 약 1백 년 전부터 지방정부 차원에서 독자적으로 노동회의소를 설치 운영하고 있는 것이 대표적이다. 미국에서는 1990년대부터 노조원이 아니거나 노동법의 적용 범위에서 배제된 저임금 노동자의 커뮤니티를 조직하고 지원하는 비영리 지역공동체 기반의 중재 기관 성격인 노동자 센터(worker center)가 지역 시민사회 주도로 80개 지역에 160개 규모로 운영되고 있다. 스웨덴에서는 지역 단위에서 다양한 노동 관련 조직의 협력적 네트워크이자 물리적 공간으로서 '민중의 집'(people's house)이 운영되고 있다. 일본에서는 정부와 지자체로부터 운영비를 지원받는 전국 340여 개의 '중소기업근로자복지센터'를 중심으로 규모가 작은 중소기업의 기업 복지를 지원하고 있다.

우리나라에서도 최근 몇 년 사이 지방자치단체가 비정규직 등 미조직 취약 노동자들의 권익을 보호하기 위한 노동 행정에 나서고 있다.

대표적으로 서울시의 경우 2011~12년 4개 자치구(구로·노원·서대문·성동)에서 노동자복지센터를 운영한 것을 시작으로 2019년 상반기까지 총 10개가 운영 중이다. 2019년 말까지 추가로 6개가 개관될 예정이고, 2021년 말까지는 25개 전 자치구로 확대될 예정이다. 복지센터의 사업 영역은 크게 ① 노동 법률 지원 및 노사 관계 컨설팅, ② 정책 개발 조사 연구, ③ 교육 및 취업 지원, ④ 문화·복지 지원의 4가지로 나누어 진행되고 있다. 서울시는 위와 같은 각 자치구의 취약 노동자 권익 보호 사업을 지원하는 한편으로 2015년 광역 차원의 노동권익센터를 설치해 자치구별 복지센터의 컨트롤 타워 및 광역 허브 역할을 담당하게 하고 있다.

경기도 역시 서울시와 유사하게 (광역)노동권익센터-(자치구)노동복지센터로 구성된, 미조직 취약 노동자 권익 보호를 위한 노동 행정 체계를 발 빠르게 갖춰 가고 있다. 이외에도 경남·충남·울산 등 전국적으로 지방자치단체가 직영 혹은 위탁 형태로 운영하는 노동 (복지, 권익, 비정규직 지원) 센터는 2019년 상반기 기준으로 34개이다.

이들 센터는 지역을 기반으로 비정규직 등 취약 노동 계층의 권익을 보호하려는 공통점을 갖고 있다. 노동 상담과 직업교육 및 일자리 지원, 복지사업 등의 복지 서비스를 주요 사업으로 하면서도 노동정책과 지역 네트워킹, 지역민을 대상으로 한 노동교육과 캠페인까지 결합되어 사업이 진행되고 있다.

이 같은 광역 및 기초 지방자치단체가 주도하는 민관 협력형 취약 노동자 지원 기구의 현재 성격은 엄격한 의미에서 노동회의소와는 구별된다. 그러나 사업의 취지와 장기적인 목표는 노동회의소와 일정하게 맞닿아 있는 점이 있다. 현재 노사 시스템의 변화를 시도하는 것이라면 노동회의소와 취지는 같다고 보아야 할 것이다.

실제로 서울시는 기존의 취약 노동자 지원 사업을 한 단계 발전시키기 위해 2018년 지방선거에서 유럽 노동회의소 문제의식을 반영한 워커라운드(Worker Round) 설치를 공약으로 발표했다. 이에 따라 현재 노동권익센터-노동복지센터로 구성되어 있는 취약 노동자층 권익 기구를 워커라운드-워커센터로 확대 재편하고, 서울 25개 자치구 전역에 설치한다는 계획을 수립해 이를 추진하고 있다. 따라서 서울시 워커라운드는 기존 노동복지센터의 독립성을 보장하면서도 서울 노동권익센터를 컨트롤 타워로 운영하려는 계획을 구체화하고 있다. 서울시 의회에서도 서울형 노동회의소 도입 조례 제정을 위한 연구 용역을 진행하는 등 추진 로드맵을 구체화하고 있다.

| 표 17 | 서울형 노동회의소 도입 방향과 근거(안)

초점	국내외 사례 근거	한국과 서울시의 현실 반영
불안정 노동자 중심의 모든 노동자	외국의 노동회의소는 모든 노동자 (직업훈련생, 연금 생활자, 경제 종속적 자영업자 등) 포괄	비정규직, 영세 기업/업종 노동자, 종속적 자영업자 등 불안정 노동자 중심
노동조합과 공존	독일 브레멘과 자를란트 지역의 노동회의소 모델	작업장/기업 기반이 아닌 지역 기반을 중심으로 노조 조직화가 어려운 불안정 노동자에 초점
자원과 물적/재정적 기반	— 오스트리아, 독일의 강력한 코포라티즘 전통과 법률적 뒷받침 — 서울시의 노동 존중 정책과 지역 노동 권익/복지 기반	— 조례를 통한 서울시의 기금 출연과 자발적 기여금을 결합한 '노동자회의소 재단' 설립 — 지역 기반 노동 권익/복지 재단의 기능 확대를 통한 결합
기능	법률 서비스, 노동교육, 적극적 노동시장 정책, 작업장 안전, 보육 등 사회 서비스, 정책 대안 제시 등	기존 노동권익/복지센터 기능의 확장과 통합적 운영 기능 장착
구성	국가/주 차원의 독립 기구	서울시 차원의 반관반민 재단과 지역 노동회의소(지역 센터의 단계적 전환)

자료: 김성희(2019).

경기도 역시 2018년 지방선거에서 당시 이재명 후보가 경기노동회의소 추진 의사를 밝히고 당선된 이후 현재의 노동자권익센터와 복지센터 사업의 성과를 장기적으로 경기도형 노동회의소 추진으로 수렴한다는 목표로 진행하고 있다.

노동회의소의 재원은 어떻게 충당할 것인가?

노동회의소 제도를 도입할 경우 운영에 필요한 재원을 어떻게 마련할 것인지는 해결해야 할 가장 큰 과제이다. 유럽의 경우 헌법에 근거한 의무 가입제를 채택하고 있어 사실상 전체 노동자들이 회원으로 가입해 의무적으로 회비를 납부하고 있으므로 정부 재정 지원이나 기타 기금에 의존하지 않고 재정 자립이 가능하다.

그러나 우리나라의 경우 현행 헌법 아래서 의무 가입제를 도입하기 어렵기 때문에 임의 가입 방식이 불가피하고, 충분한 회원 규모가 확보되지 않을 경우 회비만으로 재원을 충당하기가 그만큼 어려울 수 있다.

지금까지 논의에서 노동회의소의 재원 마련과 관련해 제시된 방안은 크게 3가지로 나눌 수 있다.

첫째, 회원이 내는 회비를 주된 재원으로 하는 방안이다. 이는 노동회의소 스스로 재원 문제를 해결함으로써 조직 운영의 자주성을 확보하려는 문제의식이라 할 수 있다. 비슷한 문제의식 아래서 장기적으로는 회비에 의한 자립 운영을 원칙으로 하되, 설립 초기의 재정적 어려움을 감안해 공간 마련 비용이나 조직 운영이 안착되기까지의 사업비 및 운영비에 대해 국가나 지방자치단체로부터 한시적으로 특별예산을 지원받는 방안도 제출되었다.

두 번째는 고용보험기금의 일부를 활용하는 방안이다. 노동회의소 회원 대상과 고용보험기금 납부 대상이 대부분 겹친다는 점, 직업훈련 사업이나 취업 및 전직 지원 및 상담 사업처럼 고용보험기금 사업의 일부를 노동회의소(와 상공회의소) 사업으로 이관할 경우 추가 재원 없이도 가능하다는 점 등에 착안한 것이라 볼 수 있다.

2018년도 결산 기준 고용보험기금의 지출 규모는 18.1조 원이다. 고용보험 적용 사업장은 231만여 개, 피보험자 수는 1,343만 명이다. 지출액은 주로 고용정책 사업(7.9조 원), 실업 급여(6.7조 원), 직업능력개발·고용평등실현사업(3.6조 원) 등으로 구성되어 있다. 이 같은 기존의 고용보험기금을 이원화해 대략 2조 원 정도를 노동회의소 재원으로 할 수 있다는 방안이다.

셋째, 각 지역별 '노동자회의소 재단'(Foundation for Workers' Council) 설립을 통한 재원 마련 방안이다. 예를 들면 서울노동회의소 가입자와 서울시가 민관 협력 매칭 펀드 형태의 재단을 구성하고, 서울시가 이 재단에 기금을 출연하는 것이다. 재단 이사장은 서울노동회의소장이 겸직하되 서울시장이 재단 업무를 감독하게 한다.

각각의 재원 마련 방안에는 유럽과는 다른 한국적 상황에 대한 고민이 담겨 있다고 할 수 있다.

회비에 의한 재정 자립 방안은 조직 운영의 독립성 보장이라는 측면에서 원칙적으로 가장 바람직하지만, 의무 가입제를 할 수 없는 조건에서는 회원 수를 충분히 확보하거나, 회원의 회비 부담을 무겁게 해야 하는 어려움이 과제로 남는다.

고용보험기금 또는 지자체의 기금 출연을 통한 재단 설립 방안은 의무 가입제를 채택하기 어려운 한국적 현실을 감안한 방안이라 할 수 있다. 고용보험기금을 활용하는 방안은 가입자들이 이미 납부하고 있는 기금의 일부를 사용한다는 점에서 상대적으로 실행하기 쉽고 추가 부담을 지우지 않는다는 장점이 있는 반면, 노사의 동의와 함께 현재의 고용보험기금 지출 수요도 계속 증가할 것이므로 기금 안정성에 미칠 영향을 최소화해야 하는 문제가 있다.

지자체가 기금을 출연해 재단을 설립하는 방안은 위 두 가지 난점을 피할 수 있지만, 각 지자체마다 재정 형편이 다르고 노동회의소에 대한 지향성이 다르다는 점은 변수가 될 수밖에 없다. 또한 고용보험기금 활용 방안과 마찬가지로 '외부 재원'에 의존할 때 조직 운영의 독립성을 어떻게 보장할 것인가라는 과제도 동시에 안고 있다.

앞으로 한국형 노동회의소 도입 논의가 구체화되면서 원칙과 현실을 아울러 고려한 재원 마련 방안이 도출되어야 할 것이다.

Q&A **36**

한국형 노동회의소 운영에
고용보험기금을 사용하는 방안이란?

정부 내에서 노동회의소 도입을 반대하는 이유는 재원 문제, 즉 고용보험기금의 사용 문제이다. 지금까지는 노사가 공동으로 조성한 고용보험기금을 노사를 배제한 채 정부 관료들이 주체가 돼 사용해 왔는데, 중앙 단위 노사 관계를 구축해 노사가 함께 사용하겠다고 하자 이를 반대하는 것이다.

| 표 18 | 고용보험 제도 비교

	재원	징수 방법과 역사적 배경	보험 운영 주체	효율성	중앙 노사 관계
한국	노사 공동 징수	제도 도입 시부터 정부의 강제 징수	정부 독점(기금 운영에도 노사 대표 참석 불가)	낮음	없음(기업별 노조 형태와 공동 사업 부재로 불가능)
유럽	노사 공동 징수 또는 노사정 공동 징수 (보험 운영비 정부 출연. 예: 프랑스)	노사 자율 징수 → 공보험적 강제 징수 (징수율 저하 방지와 효율성 제고를 목적으로 변화)	노사 공동 운영 또는 노사정 공동 운영	높음	활발함

자료: 이용득(2014).

자본주의의 발전 과정에서 실업 문제가 대두되자 19세기 중반부터 유럽에서는 일부 노조를 중심으로 노동자들의 자발적인 실업급여 제도가 시작되었다. 이후 사용자들도 실업 기금을 적립해 실업자를 구제하는 제도를 만들었다. 이것이 현재 고용보험의 출발이다. 실업 급여 제도는 이후 실업 급여를 지원하는 데 그치지 않고 재취업을 촉진하고, 더 나아가 실업의 예방 및 고용 안정, 노동시장의 구조 개편, 직업 능력 개발을 강화하는 적극적인 제도로 발전했는데, 이것이 바로 고용보험이다.

고용보험은 처음에 노사가 자발적으로 만들었기 때문에 강제적인 보험이 아니었지만 지금은 대부분의 나라에서 정부가 고용보험 가입을 의무화하고 있다. 그러나 대부분의 유럽 선진국에서 고용보험기금의 운영 주체는 노사이거나 노사정이다.

외국과 달리 우리나라는 실업이나 직업 능력 개발을 위한 노사의 자발적인 움직임이 없는 상태에서 정부 주도로, 외국의 제도를 모방해 의무 가입 보험 형태로 1995년부터 시행되었다. 보험 사업에 소요되는 비용은 노사가 부담하는 보험료로 충당되고 있으며 정부의 국고 지원은 극히 미흡하다. 그러나 노사가 배제된 채 실질적으로는 정부가 고용보험기금 전체를 운영·관리하고 있다. 이런 탓에 오래전부터 양대 노총을 중심으로 고용보험기금이 정부의 쌈짓돈으로 전락했다는 비판이 제기되어 왔다.

현재 고용보험기금의 지출 규모는 2018년 결산 기준으로 연간 18조 원이며 고용보험 적용 사업장은 231만여 개, 피보험자 수는 1,343만 명이다. 지출액은 주로 고용정책 사업(7.9조 원), 실업급여

(6.7조 원), 직업능력개발·고용평등실현사업(3.6조 원) 등으로 구성되어 있다.

노동회의소 회원 대상과 고용보험기금 납부 대상이 대부분 겹치기도 하고, 직업훈련 사업이나 취업·전직 지원 및 상담 사업과 같이 고용보험기금 사업의 일부를 노동회의소(와 상공회의소) 사업으로 이관할 경우 추가 재원 없이도 가능하다. 이에 고용보험기금 중 2~3조 원 정도를 노동회의소 운영에 투입하는 방안이 현실화될 경우, 기금 전체를 운용 관리해 온 정부 관료들로서는 달갑지 않을 수 있다.

그러나 노사가 함께 조성하는 고용보험기금을 노사가 주체가 되어 노사를 위해 사용할 수 있게 하는 것은 당연한 일이자, 선진국에서는 이미 오래전부터 일반화되었다. 고용보험기금의 안정성을 유지하면서 중앙 단위 노사 관계를 구축하고 90% 미조직 취약 계층의 권익을 대변할 수 있도록 좀 더 구체적인 재정 설계가 필요하다.

Q&A 37
노동회의소 제도가 도입되면 노동조합에 가입하려는 사람이 줄어들지 않을까?

노동조합과 노동회의소는 서로 다른 서비스를 제공함으로써 노동자의 권익을 더 풍부하게 대변한다. 따라서 서로를 대체하거나 경쟁하는 관계가 아니라 상대방의 한계를 보완하면서 협력하고 공존하는 관계이다. 물론 노동회의소 없이 노동조합만으로 노동자의 권익을 대변하는 국가가 많지만, 노조와 노동회의소를 동시에 운영할 경우 노동자의 권익을 대변하는 데 훨씬 유리하다. 노동자의 이익을 실현하는 데 노조가 핵심적인 조직인 것은 맞지만, 노조와 협력하는 노동자 정당이나 종업원 평의회 역시 중요한 역할을 담당하듯이 노조만으로 모든 것을 다 할 수 있는 것은 아니다. 더구나 4차 산업혁명의 영향으로 말미암아 기존의 노조 활동 방식만으로는 노동자의 이익을 충분히 대변하기 어려운 실정에서 노조와 함께 시너지 효과를 낼 수 있는 또 다른 대안에 대해 열린 사고로 접근할 필요가 있다.

흥미로운 점은 오늘날 평균 이상의 노동조합 조직률을 보이는 지역에서 노동회의소가 성공하고 있다는 점이다. 노동회의소가 있는 브레멘과 자를란트 주의 노동조합 가입률은 30% 정도로 독일연방공화국(17%)과 유럽연합(23%)의 평균 가입률을 크게 앞지른다. 국가 단위에서 노동회의소가 운영되고 있는 오스트리아는 27%, 룩셈부르크는 34%를 기록하고 있다. 여기에는 다양한 원인이 있을 수 있지만, 노동회의소가 노조 가입을 어렵게 하는 장애 요인이 될 수 있다는 우려는 사실과 거리가 멀다.

더구나 산업구조의 변화, 4차 산업혁명의 추진 등 여러 가지 요인과 맞물려 세계적으로 노동조합 조직률이 점차 하락하고 있는 실정에서 오스트리아, 룩셈부르크, 독일 등지에서 노동회의소가 수행하고 있는 기능을 노동조합이 온전히 대신할 수 없다는 점은 분명하다.

노동회의소 제도를 운영하고 있는 나라에서도 역사적으로 보면 노동운동이 발전하는 길목마다 노동자의 이익 대변 기구로서 노동조합에 치중할 것인가 아니면 대안으로 노동회의소를 발전시킬 것인가에 대한 논쟁이 있어 왔다.

앞에서도 말했지만, 19세기 말에서 20세기 초 오스트리아에서 노동회의소 도입이 추진되던 초기에도 노조가 이를 반대했다. 민주주의가 극히 취약했고, 노조가 설립 단계에 있던 상황에서 자체적인 영향력이 미미한 가운데 만일 노동회의소가 만들어진다면 노조의 발전이 제약될 수 있다고 보았기 때문이다. 그러나 점차 노동조합의 영향력이 커지고 사회민주당이 집권하는 등 정치·사회적 환경이 변화함에 따라 노조는 노동회의소를 경쟁 상대가 아니라 협력의 대상으로 판단하고 몇 가지 전제 조건 아래 도입에 앞장서게 된다. 전제 조건은 노동회의소가 반드시 국가로부터 독립된 기구여야 한다는 것과 노조의 직접적인 영향력 아래 노조와 투명하게 역할을 분담토록 한다는 것이었다. 이후 노조의 주도하에 노동회의소가 도입되었고 현재와 같은 두터운 노동자 권익 대변 체계를 구축할 수 있었다.

요컨대, 노동회의소가 도입되면 노동자의 권익을 대변하는 데 좀 더 유리해지는 것은 물론 노조의 발전에도 도움이 될 것이다. 다만 노동회의소의 독립성을 유지하고, 노조와 협력적이고 생산적인 역할을 분담하며, 투명한 운영이 되도록 하는 것이 중요하다는 이야기이다.

노동회의소 도입을 추진하는 것보다
산별노조(교섭) 전환이 시급하지 않은가?

노동계는 1990년대 말부터 본격적으로 산별노조 전환과 산별 교섭 실현을 추진해 왔다. 이 같은 노력은 올바른 방향이며, 사용자 측에서 산별 교섭을 수용해 명실상부한 산업별 노사 관계가 실현돼야 마땅하다. 다만 몇 가지 점은 구별해서 생각해야 한다.

첫째, 노동회의소 설립 추진과 산별 교섭 실현은 선후를 따지거나 선택해야 하는 문제가 아니다. 산별노조와 산업별 노사 관계를 통한 노동조합 활동의 질적 발전은 그 자체로 중요한 과제이며, 노동회의소 제도 도입은 이와 별도로 동시 병행적으로 추진되어야 한다. 노동회의소 추진이 산업별 교섭을 늦추거나 방해하는 요인은 아니며, 산별 교섭이 성사된 뒤에 도입해야 하는 문제도 아니다.

둘째, 산별 교섭이 실현된 뒤에도 노동회의소의 기능이 더해질 때 전체 노동자의 권익을 더 온전하게 대변할 수 있다. 노동계의 목표대로 강력한 산별노조 체제를 구축하고, 조직률도 현재보다 2~3배로 높이고, 산별 교섭까지 실현한다면 현재의 기업별 노조 체제보다 노동자의 권익을 대변하는 데 훨씬 유리할 것이다. 그러나 오스트리아 노동계는 그 같은 목표를 이미 달성한 지 오래인데도 노조만으로는 부족하기 때문에 노동회의소를 동시에 운영하는 것이다.

셋째, 산별 교섭이 실현되기만을 기다리기엔 전체 노동자의 90%를 차지하는 미조직 취약 계층의 상황이 너무 절박하다. 노동계가 20년 동안 산별노조 전환을 위해 애써 왔지만 현재도 지지부진하고 앞날도 불투명한 것이 냉정한 현실이다. 그 결과 무늬만 산별노조이지 실제로는 10%만을 대변하는 대기업 정규직 중심의 노조 활동이 계속되어, 노조에 가입하지 못한 노동자들과의 격차가 갈수록 벌어지고 있다. 산별 교섭 추진은 계속하더라도, 90% 미조직 취약 계층 노동자를 조직하고 대변하기 위해 노동회의소와 같은 별도의 노력을 하지 않으면 안 되는 상황이다.

넷째, 4차 산업혁명 등의 영향으로 강력한 산별노조를 자랑해 온 노동운동 선진국들조차 예외 없이 조직률이 떨어지고 있는 상황을 감안해야 한다. 한계가 너무 많은 기업별 노조 체제를 벗어나 산별노조로 나아간다 하더라도, 조직률이 하락하면 그만큼 노동자의 권익을 대변하는 기능은 취약해질 수밖에 없다. 노조에 더해 노동회의소를 동시에 운영하는 국가에서는 노조 조직률 하락의 영향을 상대적으로 덜 받을 수 있다.

Q&A 39
조건이 다른 외국의 사례를 한국에 적용할 수 있는가?

노동회의소 제도가 오스트리아, 룩셈부르크 그리고 독일의 일부 지역에서 성공한 사례이고 해당 국가의 독특한 역사적·사회문화적 배경의 산물인 것은 맞다. 그런데 이 점은 노동회의소만이 아니라 정도의 차이가 있을 뿐 해외의 다른 성공 사례를 검토할 경우에도 똑같이 부딪히는 문제이다.

한국에서는 기업별 노조 체제라고 하는, 일본을 제외하고는 전 세계에서 그 예를 찾기 어려운 노동 체제가 상당히 단단하게 구축되어 있다. 산업별 노조 체제가 일반화돼 있는 유럽 등 대다수 외국의 노조 조직 형태와 노사 관계를 기준으로 보면 한국의 기업별 체제는 특이해도 너무 특이한 제도이다.

그럼에도 불구하고 기업별 노조 체제와 기업별 노사 관계로는 노동자를 제대로 대변할 수 없고, 바람직한 사회경제 구조를 만들 수 없다고 판단하기 때문에 이를 바꾸려고 해 온 것이다. 산별노조 체제와 유럽식 노사 관계를 모델로 삼는다 하더라도 각 국가마다 독특한 역사와 사회경제적·정치적 배경에 따라 유형이 조금씩 다르기 때문에 이를 감안하지 않으면 안 된다. 예를 들면 독일은 강한 산별노조 체제를 기반으로 하면서도 종업원 평의회 제도와 공동 결정 제도라고 하는, 충분히 참고할 만한 독특한 노사 관계의 모델로서 일찍부터 주목받아 왔다. 또 다른 산별노조 모델인 스웨덴이나, 네덜란드의 사회적 합의 모델도 마찬가지이다.

넓게 보면 노동회의소 모델은 다양한 유럽 노사 관계 중에서 한국적 상황을 개선하는 데 좀 더 참고할 게 많은 사례이다. 특히 산별노조 체제에 더해 노동회의소라고 하는 제도를 통해 미조직 취약 노동자 모두를 포괄하는 사례로서, 10% 대기업 정규직 중심의 노사 관계 극복을 절박한 과제로 안고 있는 한국의 노동운동과 노사 관계에 귀중한 반면교사로서 충분히 들여다볼 만한 가치가 있다.

유럽 노동회의소 제도의 취지와 특징이 시사하는 바를 한국적 상황에 맞게 어떻게 실현할 것인가 하는 고민은 산별노조, 종업원 평의회(와 공동 결정 제도) 등 다른 제도를 어떻게 한국 상황에 맞게 실현할 것인가 하는 문제와 본질적으로 다르지 않다.

4

한국형 노동회의소가
도입된다면

한국형 노동회의소는 어떤 일들을 할 수 있을까?

한국형 노동회의소는 90% 미조직 취약 계층의 권익 대변 기구이자 사회적 대화의 주체로서 역할을 담당하게 될 것이다.

90% 미조직 취약 계층은 대부분 중소 영세기업 근무자이거나 비정규직, 특수 형태 고용직, 실업자들로서 노동기본권은 물론 일상생활에서의 권리와 권익을 보호받지 못하고 있다. 노동회의소는 노동, 4대 보험, 소비자 피해, 세금, 파산 등 회원들의 직장 및 일상생활과 직결되는 다양한 문제에 대한 무료 상담 및 권리 구제 지원을 통해 권익을 보호하게 된다. 상공회의소와의 공조를 통해 지역 단위의 미세한 고용 및 산업의 변화를 파악하고 내실을 갖춘 직업훈련 및 재취업 서비스를 제공해 4차 산업혁명에 따른 고용 환경 변화에도 적극 대처할 수 있게 된다.

노동회의소는 각 분야의 전문가들을 대거 채용해 노동정책, 산업 및 경제정책, 복지정책 등 노동자들의 사회경제적 환경을 개선하는 데 필요한 광범위한 분야에 대한 정책 연구와 대안을 마련한다. 기업 내 분배 문제를 넘어서 사실상 사회경제 분야의 모든 이슈들을 다루게 된다. 정치·문화 분야도 다룰 수 있을 뿐만 아니라 예를 들면 최근 현안이 되고 있는 한일 관계나 남북 관계의 변화와 관련된 경제적 대응책을 노동자의 관점에서 마련할 수 있다.

이 같은 활동을 통해 그동안 취약했던 노동계 싱크 탱크의 기능을 강화함으로써 자본 측이나 정부에 대해 효과적으로 대응할 수 있다. 관련 입법 활동에도 큰 기여를 할 수 있을 것이다. 또한 노동조합과 노사협의회 활동가들의 전문성과 능력을 강화하기 위한 교육 등을 통해 노조 활동을 지원할 수 있게 된다. 물론 다시 말하지만 모든 분야에서 노사 합의로 정부 및 정치권 그리고 노-경총 등에 건의와 제안을 하는 것이지 구속력과 결정권을 갖는 것은 아니다.

노동회의소는 사회적 대화의 주체로서 10+90의 총노동 대 총자본의 중앙 단위 노사 관계를 구축하는 데 중요한 역할을 담당한다. 노동회의소가 도입되면 현재의 노-경총 대화 시스템은 그대로 유지되는 가운데, 노와 사가 노-경총과 긴밀한 협력 관계를 형성하면서 이를 보완하는 역할을 하게 될 것이다. 현재 활동가 중심의 10% 노사 관계 시스템에 전문가 중심의 90% 노사 관계 시스템을 더함으로써 대표성과 전문성을 기반으로 사회적 합의의 내실과 실효성을 크게 높일 수 있을 것이다.

| 표 19 | 노동회의소가 하는 일

미조직 취약 계층 법률 상담 및 권리 구제 지원	① 노동관계법, ② 사회보장 관련 법, ③ 직업병, ④ 채무 및 파산 상담, ⑤ 세금 및 금융 관련 상담, ⑥ 소비자 보호, ⑦ 직업교육
노조 및 노사협의회 활동 지원	① 활동에 필요한 연구 및 정보 제공, ② 간부 교육 아카데미
연구 사업	① 노동정책, ② 산업 정책, ③ 경제정책, ④ 복지 정책, ⑤ 소비자 보호 정책, ⑥ 남북 및 국제 관계, ⑦ 보고서 발간
법안 및 정책 검토와 의견 제안	국회, 정부, 지자체의 노동·사회·경제 중심 각종 법안·정책·사업 등에 대한 분석, 입장 표명, 의견 제안
사회적 대화 및 지원	노-경총 대화 시스템은 그대로 유지되는 가운데, 노와 사가 노-경총과 긴밀한 협력 관계를 형성하면서 이를 보완하는 역할
노사 공동 사업	① 일자리 창출 사업, ② 사회 안전망 구축, ③ 직업훈련, 취업·전직 지원, ④ 노사 공동 노동 교육, ⑤ 복지 제도 논의 및 공동 제안, ⑥ 사적 분쟁 조정, ⑦ 산별 교섭 지원

노동조합 활동가와 노동회의소 전문가가 담당하는 역할은 어떻게 다른가?

대한민국에는 현재 수천 명의 노동조합 활동가들이 노동자들의 권익을 대변하기 위해 애쓰고 있다. (우리나라 노동조합 유급 전임자 수는 2010년 타임오프제 도입으로 크게 감소했다. 2008년 한국노동연구원 조사에서 전체 전임자 수는 1만583명이었다. 2013년 양대 노총 조사에서는 타임오프제 도입 이후 노조당 3.8명에서 2.5명으로 34% 감소했다.) 여러 가지 어려움에도 불구하고 노동운동이 여기까지 올 수 있게 된 데에는 활동가들의 역할이 매우 컸다.

거듭 말하지만, 우리나라의 노사 관계는 분배 이슈 중심으로, 그것도 10%의 대기업 정규직 중심의 기업별 수준에서만 존재해 왔다. 노동조합 활동가들도 기업별 노조의 선거를 통해 선출되는 임원과 집행 간부들이다. 활동가들이 아무리 개혁적이고 진보적인 생각을 갖고 있다 하더라도 기업별 노조 선거에서 표를 얻으려면 기업 차원에서 분배의 성과를 얻어내는 쪽으로 활동을 집중해야 한다는 점에서 태생적 한계가 있는 것이다.

그 결과 노사 관계의 시야가 기업별 분배 문제로 제한되고, 90% 미조직 취약 계층을 포괄할 수 있는 정책 역량도 취약하다. 기업별 노조에서 배출된 활동가들이 상급 단체로 진출하더라도 기업별 울타리를 넘어서는 노사 관계를 만들어 가기는 어려운 상황이다.

노동회의소 제도가 도입되고 이를 기반으로 큰 틀의 중앙 단위 노사 관계가 구축되면 전문가들이 포진해 취약한 정책 역량을 크게 강화하고, 90% 미조직 취약 계층까지를 포괄하는 포괄적인 노동자 권익 대변 체제를 갖출 수 있을 것이다.

오스트리아의 경우 활동가 중심의 노동조합과는 별도로, 전문가 중심의 노동회의소가 노동자 권익을 대변하고 있다. 인구 9백만 명 규모의 오스트리아 노동회의소에는 약 2천7백 명이 일하고 있는데 행정 담당 인력을 제외한 대다수는 법률가, 노동 전문가, 조세 전문가, 경제 전문가, 소비자 보호·복지·교육 전문가 등 각 분야 전문가들이다. 파트너인 경제회의소에도 수천 명의 전문가들이 포진해 있다.

노동회의소 제도를 도입할 경우 우리나라 인구를 감안한다면 오스트리아보다 더 많은 전문가가 필요할 것이다. 또한 현재 노조 전임자 수가 전체의 10%에 해당하는 노동자가 가입한 노동조합의 활동가임을 감안한다면, 90% 미조직 노동자를 대변하는 노동회의소에는 훨씬 많은 전문가가 필요할 것이다. 노동회의소에 수천 명의 전문가가 포진하면 사회 각 분야의 전문성을 바탕으로 정책 역량을 크게 강화할 수 있을 것이다. 또한 기업별 분배를 넘어 산업 및 국가 수준의 고용·경제·복지 등 사회경제 전 분야를 포괄하는 노사 관계를 뒷받침할 수 있을 것이다. 현재 발의된 노동회의소법안은 임의 가입이기 때문에 가입률이 높아져야 오스트리아 노동회의소와 같은 효과를 기대할 수 있다. 따라서 정부 및 노사의 많은 지원과 노력이 필요할 것이며, 향후 임의 가입 제도를 의무 가입 제도로 전환시켜 노동회의소의 사회 기여도를 높여야 할 것이다.

노동회의소는 사회적 대화를 만드는 데
어떤 역할을 할 수 있을까?

사회적 대화에서 '사회적'은 노사(정)를 의미한다. 주체여야 할 노사가 빠지면 사회적 대화 자체가 성립하지 않는 것이다. 유럽 등 선진국에서 사회적 대화는 산업화 과정에서 노사가 사회 변화의 주도적인 역할을 해 왔던 역사와 맞닿아 있다. 선진국에서는 노사 주도의 산업화를 통해 부와 기술의 축적은 물론이고 민주주의와 인권을 중요한 사회적 가치로 자리 잡게 할 수 있었다.

반면 우리나라의 산업화 과정은 노사가 배제된 채 정부의 일방적 주도 아래 이뤄진 압축적 성장이었다. 그 결과 중앙 단위의 노사 참여와 대화를 의미하는 사회적 대화가 존재하지 않았고, 따라서 운영 경험 자체가 없었다. 압축 성장기 정부 주도의 산업 경제 정책의 실제 내용은 노동을 배제하고 사용자의 편을 들어 주는 것이었다.

따라서 우리나라에서 사회적 대화의 문제는 노동이 배제된 사회경제 시스템을 개혁하는 문제와 연결돼 있다. 압축적 성장기를 지나 1987년 민주화 물결 이후 한국 사회는 다양한 분야에서 큰 변화를 겪으며 민주화되었다. 그러나 노동 배제의 사회경제 시스템은 완강하게 유지되고 있고, 노동의 요구는 민주화 이후에도 상당 기간 동안 정부에 의해 불온시되어 왔다.

민주화 이후 노사가 참여하는 사회적 대화 시스템의 단추를 끼우려는 시도는 두 차례 진행되었다. 김대중 정부 때 노사정위원회가 만들어졌는데, 산업화 이후 줄곧 노사를 들러리로 삼아 온 정부 주도의 노동 정책은 크게 변화하지 않았고, 분배 이슈를 중심으로 하는 10% 노사 관계의 한계 때문에 전체 노사를 제대로 대변하지 못한 채 실패로 끝났다. 노무현 정부 때 노사정위원회의 문제점을 보완하기 위해 노사 2자 기구로 노사발전재단을 만들고자 했으나 정부 내 관료 이기주의로 말미암아 정부 산하 기구로 전락해 이 또한 실패로 끝났다.

현재의 경사노위 시스템도 취약한 대표성, 과도한 정부의 주도성, 분배 중심의 10% 노사 관계의 한계를 그대로 안고 있어 실질적인 사회적 대화 기구로서 역할과 기능을 하지 못하고 있다.

지금 한국형 노동회의소를 고민하는 것은 과거의 실패와 부작용을 극복하고 온전한 사회적 대화의 기반을 마련해야 한다는 문제의식 때문이다. 사회적 대화를 통해 자본의 일방적 시장 지배의 사회적 폐해를 예방하고, 좀 더 타당하고 수용 가능한 정책적 의사 결정을 하기 위해서는 노사가 충분한 대표성을 갖출 수 있어야 하며, 대화의 주체이자 중심이 되어야 한다.

노동회의소가 도입되고 상공회의소가 사용자단체로서 대표성을 제대로 갖춰 사회적 대화가 활성화될 경우에도 현재의 노-경총 대화 시스템은 그대로 유지될 것이며, 노와 사가 노-경총과 긴밀한 협력 관계를 형성하면서 이를 보완하는 역할을 할 수 있을 것이다. 대신 노동회의소와 상공회의소를 통한 대표성과 전문성의 확충을 기반으로 사회적 합의의 내실과 실효성을 크게 높일 수 있을 것이다.

한국형 노동회의소 도입을 둘러싸고 국내에서는
어떤 논의가 이루어지고 있는가?

노동회의소 도입에 대해서는 찬반양론이 있지만 깊이 있는 논의는 아직 충분히 본격화되지는 않은 상황이다. 여기에는 노동회의소에 대한 오해와 선입견, 무관심과 즉자적인 반대도 일부 작용하고 있다. 일각에서는 현재의 노사 관계를 완전히 없애고 전혀 새로운 노사 관계로 가자는 것으로 오해하기도 한다. 노동회의소를 노동조합과 경쟁하는 조직으로 보고 노동조합의 약화를 우려하기도 한다. 노조 조직률을 높이고 산별노조를 강화하면 된다는 생각에 아예 관심을 갖지 않거나, 정부 주도의 관변단체가 될 것이라며 무조건 반대하는 경우도 있다.

모두 사실과 거리가 멀거나 지나친 우려라고 할 수 있다. 노동회의소를 도입하자는 것은 피땀으로 일궈 낸 민주화 및 노동운동의 성과와 질서를 훼손하거나 흔드는 것이 아니라 성과는 살리되, 현재 활동가 중심의 10% 노사 관계 시스템, 여기에 전문가 중심의 90% 노사 관계 시스템을 더해 90% 미조직 취약 계층을 대변하고, 총노동 대 총자본의 노사 관계를 구축하자는 것이다.

유럽의 노동회의소는 노조와 경쟁하거나 노조를 약화시키는 것이 아니라, 노조와 협력하고 노조가 앞장서서 만들었다. 유럽에서 노동회의소가 있는 나라의 경우 우리보다 노조 조직률이 훨씬 높고 강력한 산별노조가 존재하는 조건에서 이뤄 낸 모델이다.

물론 노동회의소를 성공적으로 운영하는 오스트리아 등 외국과 우리나라의 조건은 차이가 많기 때문에 이 점은 충분히 감안해야 한다는 지적도 있다. 다만 이 점은 노동회의소만이 아니라 해외의 성공적인 사례를 참조하려 할 때 불가피하게 따르는 문제이기도 한다.

노동회의소가 우리나라 노동문제나 노사 관계의 다양한 문제점을 해결하는 데 중요한 대안의 하나가 될 수 있다는 점에 주목하는 견해도 있다. 앞에서 지적했듯이, 한국형 노동회의소 설치는 문재인 대통령의 2017년 대선 공약이었다. 대선 공약으로 내세운 주된 이유는 노동회의소가 90% 미조직 취약 계층의 권익을 대변하는 기구로 기능할 수 있다는 측면에 주목했기 때문이다. 노무현 정부 때 노동부 장관을 역임했던 권기홍 전 장관 역시 노동회의소가 수천 명의 전문가들을 중심으로 90%의 노동자를 대변하고 참여하게 하는 시스템을 만들어 10+90의 총노동 대 총자본의 노사 관계를 완성시키는 발판이 될 수 있다는 점에 주목해 적극 동의하고 있다.

그럼에도 정부 내에서는 무관심과 반대에서 한발도 나아지지 못하고 있다. 정부 내 반대 의견의 핵심은 재원 문제에 있다. 새로운 시스템에 필요한 재원으로 고용보험의 일부를 사용하자는 데 대해, 기획재정부나 고용노동부가 우려하는 것이다. 현재 고용보험 기금 지출 규모는 2018년 결산 기준으로 연간 18조 원인데, 그중 2~3조 원 정도를 노동회의소 운영에 투입하자는 것이 제20대 국회에서 이용득 의원이 발의한 법안의 취지이다. 좀 더 구체적인 재정 설계를 통해 충분히 방안을 찾을 수 있을 것이라 판단된다.

학계에서도 도입 의견이 나오고 있다. 전북대 법학전문대학원 이호근 교수는 노동회의소가 그 자체로 노동의 모든 요구를 해결하는 것은 아니지만 크게 세 가지 점에 도입의 필요성과 효용성이 있다고 본다. 첫째, 점점 기업별 노동조합주의나 조직 노동자의 이익 대변을 우선하고 있는 현재의 집단적 이익 대변 체계만으로는 심화되어 가는 노동시장의 이중구조 문제에 대처할 수 없다는 점이다. 둘째, 조직 노동의 노동조합 조직률마저 정체 내지 하락하고 있고 그나마 분열된 노동자 이익 대변 구조의 근본적인 보완이 필요한 실정이라는 점이다. 셋째, 디지털 경제로의 전환은 노동시장 내 노동이 직면하고 있는 이런 집단적 이익 대변 체계의 미래를 더욱 어둡게 만들고 있다는 점이다. 따라서 이런 도전 속에 노동회의소가 중요한 대안으로 도입되기 위해서는 정규직은 물론, 비정규직, 특수 형태 근로 종사자, 플랫폼 노동자의 권익을 비롯해 노동의 집단적 권익을 대변하고 장기적으로 노사 관계의 발전과 사회적 대화의 기반을 구축한다는 비전 아래 추진되어야 한다는 것이다.

한양대 임상훈 교수는, 현재 우리나라의 경우 노조 조직화 수준이 매우 낮고 양극화돼 있는 가운데, 노사협의회·단체교섭·사회적 협의 등 노동자 이해 대변 제도의 혜택도 일부 노동자에게만 머물러 '그들만의 리그'로 전락했다고 진단한다. 이 같은 문제를 해결하기 위해서는 모든 노동자를 조직하는 한국형 노동회의소의 도입과 같은 혁신적인 조치가 절실하게 필요하다고 제안한다. 또한 우리나라는 헌법에 노동3권을 보장한 세계적으로 드문 나라임에도 하위 법률들에서 노동3권을 심각하게 제한하고 있고 노조 조직률이 11%에 불과한 '헌법 위반 상황'에 놓여 있다. 한국형 노동회의소에 전체 노동자가 당연히 가입하는 방향으로 법제도화가 이루어진다 하더라도, 노동자의 단체교섭권이나 단체행동권을 위임받지 못하기 때문에 헌법상의 단결권 보장 수준까지 권리를 갖는 것은 아니다. 따라서 한국형 노동회의소의 법제도화는 국가가 이행해야 할 최소한의 헌법 책임이라는 것이 임교수의 주장이다.

앞으로 노동계 내부를 포함하여 노동회의소 도입에 대한 더 깊이 있는 사회적 논의와, 도입 시 예상되는 문제에 대한 실질적인 검토가 필요하다.

Q&A **44**

노동회의소가 도입되면 사용자단체는 어떻게 변해야 하는가?

오스트리아 노동회의소의 대화 파트너는 오스트리아 경제회의소이다. 노동회의소에 노동자가 100% 가입해 있듯이, 경제회의소에는 사용자들이 100% 가입해 있다. 두 회의소가 노총, 농업회의소와 함께 주체가 되어 오스트리아 사회경제 문제의 주요 사안에 대한 책임 있는 사회적 대화를 담당한다. 이 시스템을 통해 단체협약 98% 적용 등 두터운 노동자 보호 장치를 구현하고, 다양한 사회적 갈등을 해결하며, 사회경제적 변화에 대한 공동 대응책을 발 빠르게 마련해 온 것이다.

우리나라의 경우 노동조합만이 아니라 사용자단체의 조직률도 낮다. 앞에서 제시한 〈표 2〉에서 알 수 있듯이 바람직한 노사 관계의 주요 성과 지표인 단체협약 적용률은 노조 조직률보다 사용자단체 조직률의 영향을 더 많이 받는다(OECD에 따르면 단체협약 적용률과 노조 조직률 사이의 상관관계 지수는 0.64인 데 비해, 사용자단체 조직률과의 지수는 0.9로 훨씬 더 높다).

실제로 단체협약 적용률이 높은 유럽 국가는 사용자단체 조직률이 대부분 50~100%를 기록하고 있으며, 다른 국가들도 30~40%를 나타내고 있으나, 우리나라는 10%대에 머물러 있다. 이는 경총 이외에 중소기업중앙회, 대한상의, 그리고 매우 다양한 업종별 협회 등이 '사업자단체'로서만 존재할 뿐 노사 관계에서 역할을 담당하는 '사용자단체'의 기능을 갖고 있지 않기 때문이다.

이처럼 사용자단체의 조직률이 낮은 것은 국가 주도 경제개발 과정에서 병영적 노동 통제의 상당 부분을 정부가 맡아서 해주었고, 기업별 노사 관계를 뛰어넘는 산업/중앙 단위 노사 관계가 사실상 존재하지 않은 데 원인이 있다.

노동시장의 이중구조를 개선하고 노동자 내부의 불합리한 차별을 개선하기 위해서는 사용자들 사이의 공조와 산별 협약에 대한 수용성이 매우 중요하다. 또한 중앙 단위 노사 관계를 만들기 위해서도 노사 단체의 조직률을 높이고 중앙 단위 교섭이 강화되지 않으면 안 된다.

우리나라에서 노동회의소 제도가 도입될 경우 마땅히 파트너로서 경제회의소가 있어야 한다. 현재의 대한상공회의소가 대표성을 갖춘 사용자단체로서 거듭나도 되고, 새로운 경제회의소를 만들어도 될 것이다.

Q&A **45**

노동회의소를 도입하면서 현재의 노사 관계도 변해야 하지 않을까?

한국형 노동회의소가 도입되면 현재의 노사 관계에서 소외된 90% 미조직 노동자의 권익을 대변할 수 있는 길이 열린다. 그런데 좀 더 발전된 형태의 선진국형 노사 관계로 나아가기 위해서는 노동회의소 도입 및 발전과 동시 병행하여 기존의 노사 관계 제도도 새로운 방향으로 변화할 필요가 있다.

먼저 현재의 노사협의회 제도를 좀 더 많은 노동자들이 참여하고 좀 더 실질적인 권한을 갖는 방향으로 전환시켜야 한다. 단기적으로는 근로자위원 선거제도 변경, 협의·의결 사항 확대, 비정규직과 파견 및 사내 하청 근로자의 참여 방안 마련 등 보다 손쉬운 제도 개선을 시급히 추진해야 한다. 장기적으로는 노사협의회 제도를 유럽과 같은 종업원 평의회로 전환하고 실질적인 공동 결정 제도를 도입할 필요가 있다. 이를 위해서는 적용 대상을 현재의 노동자 30인 이상 사업장에서 점차 5인 이상 사업장으로 확대해 나가야 하며, 전반적인 근로조건은 물론 경영 관련 안건에 대해 공동 결정할 수 있는 권한을 보장하는 방안을 적극 검토해야 한다. 유럽 각국에서 종업원 평의회 제도가 성공적으로 정착할 수 있었던 데는 노조 조직률 증가, 노동회의소 도입 등 노동자 조직의 확대와 지원이 큰 역할을 했다. 마찬가지로 우리나라에서도 한국형 노동회의소 도입이 큰 활력소가 될 것이다.

우리나라 단체교섭 제도의 중심은 기업별에서 산업을 비롯한 초기업으로 이동해야 한다. 현재 기업별 교섭은 기업의 경쟁력이나 시장 상황을 고려하여 근로조건 개선에 신축성을 발휘할 수 있다는 장점을 갖지 못한다. 대신 임금과 근로조건을 경직적으로 결정·운용하면서 종업원 이외 비정규직이나 기업 밖의 노동자들의 이해를 대변하지 않는다. 초기업 단위 단체교섭 제도로 가기 위해서는 사용자단체의 조직률을 높여야 하고 사용자들의 인식이 개선되고 이를 뒷받침할 수 있는 법·제도도 정비되어야 한다. 그러나 이는 설득을 통해서라기보다는 이를 강제할 수 있는 노동자들의 힘, 특히 노조 조직률을 높이고 사회적·정치적 영향력을 확대함으로써 가능하다. 노조 조직률 제고를 위해서도 노동의 영향력 확대를 위한 한국형 노동회의소의 도입이 필요하다.

사회적 대화의 형식과 내용도 크게 바뀌어야 한다. 정부 주도에서 노사 주도로, 특히 노동자 측이 적극적인 역할을 담당하는 방향으로 전환되어야 한다. 사회적 대화를, 정책을 추진하기 위한 통과의례 정도로 취급하는 정부의 태도도 바뀌어야 하지만, 근본적으로는 노사단체의 대표성을 획기적으로 높여야 한다. 현재와 같이 대표성이 낮은 노동조합과 사용자단체가 단체교섭의 연장선에서 접근해서는 실효성 있는 사회적 대화와 사회적 합의를 이룰 수 없고, 전체 노동자의 권익을 보호하거나 경제적·사회적 위상을 향상시키지도 못할 것이다. 소수 노동자와 사용자를 대변하고 있는 노사 대표의 대표성을 획기적으로 높이기 위해서는 노사 단체의 조직률을 높여야 한다. 그런데 1987년 노동자 대투쟁 이후 30년이 지났지만 노조 조직률은 11%에 머물러 있다. 노조 조직화만으로는 노동자 대표성을 높이기가 쉽지 않은 것이다. 전체 노동자의 이해를 대변할 수 있는 한국형 노동회의소를 도입해 노동자 대표성을 높임으로써 사회적 대화를 강화해 나가야 한다.

Q&A 46
노동회의소를 도입하고 중앙 단위 노사 관계를 구축하는 것과 일자리를 늘리는 것은 어떤 관련이 있는가?

일자리는 산업 현장에서 만들어진다. 정부는 재정을 투입해 공공 부문 일자리를 만들 수는 있지만 산업 현장의 일자리를 직접 만들지는 못한다. 산업 현장의 민간 일자리는 노사가 만들고, 정부는 다양한 정책을 통해 이를 지원하는 것이다. 산업 현장을 잘 아는 노사가 중앙 단위에서 머리를 맞대 사양산업에 대한 대책, 성장산업을 더 키울 수 있는 방안을 찾아내고, 정부는 노사의 제안과 요구에 맞는 제도 개선, 정책 지원으로 뒷받침해야 한다.

우리나라는 그동안 추격형 경제 시스템을 통해 압축적 고도성장을 이뤄 왔다. 이 과정에서 노사의 참여는 배제되고 정부가 일방적으로 주도해 왔다. 그러나 이미 추격하는 시대는 지났고, 추격당하는 경제로 진입한 지 오래이다. 정부 주도로, 그것도 정부 혼자서 대응하는 것은 불가능하다. 과거처럼 노사를 들러리 세우는 산업정책, 일자리 정책으로는 추격당하기 십상이다.

특히 4차 산업혁명 시대에는 산업구조가 복잡해 간단한 해법을 찾기가 어렵다. 다양한 고용 형태로 인해 계속 증가하는 비정규직, 특고 등 취약 계층 노동자들의 이해를 대변하는 기구가 존재하지 않는 우리의 현실을 감안하면, 정치권이나 정부의 일방 통행식 해결 방식은 실효성을 가질 수 없다.

정부 일방 주도의 잘못된 패러다임을 지양하고, 노사가 상시적 대화를 통해 좀 더 나은 해결책을 마련하며, 필요한 지원을 정부와 의회에 요구하도록 하는, 시스템의 대전환이 필요하다.

'노동(노사 관계)'을 중심으로 질 좋은 일자리를 창출하는 등 '고용' 문제를 해결하는 방향으로 노동정책의 패러다임을 전환하고, '총노동'과 '총자본'이 경제·산업·복지·노동정책 전반에 대해 협의하고 합의할 수 있는 사회적 대타협의 시스템을 새롭게 구축해야 한다. 시스템에 의한 문제 해결 관행을 우리 사회에 정착시켜야 한다.

지역 단위에서 산업과 일자리 상황에 대한 데이터베이스를 가장 현실적으로 파악·보유하고 있는 '총자본'과 '총노동'이 함께 지역 일자리 변화와 사양산업에 대응하고, 각종 직업훈련과 재취업 서비스 등을 통해 성장산업에 필요한 좋은 일자리를 창출하는 데 기여할 수 있다.

'노동회의소'는, 기본적인 임무가 조직 노동이 대변할 수 없는 비정규직, 특고 노동자 등 미조직·취약 계층 노동자들(회원 중 90%)의 사회적·경제적 지위 향상에 있기 때문에, 노동시장의 양극화를 극복함으로써 우리 사회의 불평등과 양극화를 해소하는 데 기여할 수 있다.

산업사회의 주체인 노와 사, '상공회의소'와 양대 노총을 포함한 '노동회의소'를 중심으로 '총노동'과 '총자본'이 상생의 정신으로 '소통'과 '대화', '타협'을 통해 산업 현실을 제대로 반영한 정책을 수립·시행한다면, 기술 격차 감소 등 우리 산업의 위기와 '불확실한 미래'인 4차 산업혁명을 슬기롭게 극복, 우리나라의 경제 발전에 이바지할 수 있을 것이다.

Q&A 47
노동회의소 제도 도입의 기대 효과는 무엇인가?

노동회의소 제도가 도입될 경우 예상되는 기대 효과는 크게 다섯 가지로 요약할 수 있다.

첫째, 90% 미조직 취약 노동자층의 권익을 대변하고 보호할 수 있게 된다는 점이다.

노동회의소가 활성화되어 비정규직·특수고용직·실업자 등 모든 노동자를 회원으로 포괄하게 되면 현재의 노동조합과 노사 관계에서 대변되지 못하는 취약 노동자층을 적극 대변할 수 있다. 그 결과 지금까지 노동자의 이해 대변이 주로 대기업 정규직을 중심으로 이루어짐에 따라 발생한 노동자 내부의 격차를 완화하고 사회적 양극화를 개선하는 데 기여할 것이다.

둘째, 생활 밀착형 노동자 권익 보호 활동이 폭넓게 이루어질 것이다.

모든 노동자들이 가까운 노동회의소 상담 센터에서 변호사·노무사·세무사·학자 등 전문가 중심의 법률 상담과 피해 구제 등 생활 밀착형 지원 서비스를 무료로 제공받을 수 있다. 노동회의소는 직장 생활에서 발생하는 노동문제는 물론 소비자 피해, 세금 문제, 사회보험, 부채 탕감, 직업교육 등 일상생활과 관련된 법률 상담과 피해 구제 등을 상시적으로 무료로 제공하게 된다. 이에 따라 10% 노동자에 대한 기업 내 노동조건 개선 수준에 머물러 왔던 노동자 권익 대변의 활동 영역이, 전체 노동자의 일상생활로 확대되고 지역 단위 생활공동체와 연계된다.

셋째, 노동계에 취약한 전문적 정책 역량을 획기적으로 보완하는 싱크 탱크로서의 기능이 갖춰진다.

노동조합은 현장을 대변하는 활동가 중심으로 운영되기 때문에 전문적 정책 능력을 갖추기 어려웠던 게 현실이다. 전문가 중심의 노동회의소는 전문적인 정책 연구 및 관련 입법·제도·정책에 대한 분석을 통해 노동계의 취약한 정책 능력을 획기적으로 강화할 수 있다. 노동 및 복지, 경제 관련 법안과 정부의 정책, 제도에 대해 노동자의 입장에서 상시적으로 검토·분석해 자본 측이나 정부에 대해 효과적으로 대응할 수 있게 된다. 노동조합과 노사협의회 활동가들의 전문성과 능력을 강화하기 위한 교육 등을 통해 노조 활동을 지원하며, 노조와 회의소의 상호보완적 협력 관계를 바탕으로 노조 조직률을 높이는 데도 기여한다.

넷째, 대표성을 갖춘 사회적 대화의 주체로서 노사 중심의 중앙 단위 노사 관계를 만드는 데 기여할 수 있다.

노동조합과 노동회의소가 노동을 대표하는 사회적 대화의 주체가 되면 그동안 취약했던 대표성의 문제가 해결되고 정책 역량도 크게 강화되어 효율적인 중앙 단위 노사 관계를 구축하는 데 기반이 될 수 있다. 사용자 측도 대표성을 갖춰 노사가 주도하는 중앙 단위 노사 관계가 만들어진다면, 그동안 정부의 일방적인 주도로 인한 문제점을 개선하고 지속성 문제도 보장할 수 있을 것이다. 이에 따라 사회경제 정책 전반에 대한 노사의 참여가 강화되어 노동자 권익 보호의 폭이 넓어지고 사회적 갈등 요인을 줄일 수 있을 것이다.

다섯째, 4차 산업혁명 시대의 불확실성에 대해 좀 더 신속하게 대응할 수 있다.

대표성을 갖춘 노사의 적극적인 참여와 주도 아래 다양한 대화와 협력이 이루어진다면 산업 현실을 제대로 반영한 정책을 만들고 시행하는 데 훨씬 유리한 여건을 만들 수 있어 4차 산업의 발전에 기여할 것이다. 빠르게 변화하는 기술과 산업구조에 걸맞은 직업훈련, 재취업 서비스 등을 효과적으로 제공할 수 있을 것이다. 노동조합으로 포괄하기 어려운 디지털 플랫폼 노동 등 새로운 형태의 취약 계층을 노동회의소가 포괄해 권익을 보호할 수 있다. 독일 사례를 참조해 기술혁신으로서의 '산업 4.0'과 함께 좋은 노동을 만들기 위한 '노동 4.0'을 병행적으로 추진함으로써 기술의 발전과 노동의 인간화 또한 균형 있게 추진될 수 있을 것이다.

Q&A 48
노동회의소의 도입은 한국 사회 전반에 어떤 영향을 미칠까?

이해관계가 다르므로 노사 관계에 갈등이 없을 수는 없다. 다른 한편으로 노동자의 노동력과 사용자의 자본이 결합돼야 자본주의 경제가 돌아가므로 노사는 서로를 필요로 할 수밖에 없다.

우리나라는 반세기 만에 정부 주도의 압축적 고도성장을 이뤘다. 그러나 한편에서는 냉전체제 아래 노동 배제적인 전근대적 노조관이, 다른 한편에서는 이에 맞선 격렬하고 끈질긴 저항이 계속됐다. 선진국과 같이 산업별 노동조합의 성장이나, 사회적 대화를 통한 사회경제 정책 전반에 대한 노동의 개입은 찾아볼 수 없었고, 기업별 노사 관계를 둘러싼 대립과 갈등에 몰입했다.

노동조합의 발전에 앞장선 활동가들은 기업별 노조 체제의 그늘에서 미조직 취약 계층 노동자들까지 책임질 수 있는 정책적 역량을 갖추지 못한 채 기업 단위의 분배 협상에 매몰되어 왔다. 유럽의 노동회의소 모델과 같이 전문가 중심의 노동자 권익 대변 시스템을 갖추고 명실상부한 중앙 단위 노사 관계를 구축한다면 우리 사회의 사회경제적 현안을 책임 있게 풀어 나갈 수 있을 것이다.

첫째, 일자리 창출에 큰 도움이 된다. 정부의 일자리 창출은 공공 부문 외에는 실효성이 적다. 일자리는 중앙정부 차원보다도, 지역 단위의 특성이나 부문의 특성을 잘 알고 있는 시장 주체들이 더욱 잘 파악할 수 있다. 그래서 노사가 머리를 맞대어 사회 변화를 읽고 맞춤형 일자리 마련과 맞춤형 직업훈련을 하는 것이 훨씬 효율적이다. 또한 시장 주체인 노사가 구직과 구인의 미스매칭을 정확히 파악해 적절히 연결해 일자리 공백을 메꾸는 것도 이들이 할 일이다.

둘째, 한국 사회를 대화와 소통의 사회로 전환시킬 수 있다. 중앙 노사 관계를 구축함으로써 노사 당사자들이 상시적으로 사회 전반의 문제들을 의제로 다루고 풀어 나가 좋은 소통의 사회적 관행이 정착될 것이다.

셋째, 정치권의 갈등과 충돌이 줄어들 것이다. 현재 정치권은 노동문제에 대해 일관된 태도를 보여 주지도, 현안을 해결하지도 못하고 있다. 중앙 단위 노사 관계에서 충분한 대화를 통해 해법을 찾아 나간다면 정치권의 갈등과 충돌도 많이 줄어들 것이다.

나아가 노사문제는 자본주의 산업사회의 가장 큰 사회적 갈등이기 때문에, 노사 갈등이 원만히 해결되는 만큼 사회적 갈등의 정도를 완화할 수 있다. 사회적 빈부 격차와 양극화의 핵심 요인이 노사문제인 만큼 빈부 갈등 요인도 그만큼 줄일 수 있을 것이다. 나아가 우리 사회 각 분야의 갈등 요인들도 원만하게 해결하는 사회적·문화적 분위기를 만드는 데도 큰 도움이 될 것이다. 말로만이 아니라 실질적이고 내용적으로 대화와 상생의 사회 문화를 만드는 데 도움이 될 것이다.

참고문헌

고영국. 2017. "포용적 노동자 대표기구를 위해 – 서울형 노동회의소의 필요성." 민주연구원.

고용노동부. 2019. "2018년 전국노동조합 조직현황."

국민의당. 2016. "제20대 국회의원 선거 국민의당 정책공약집."

김강식·어기구. 2012. "노동회의소(AK) 조직과 운영실태: 독일, 오스트리아 사례를 중심으로." 경제사회발전노사정위원회 연구용역보고서.

김기우. 2017. "유럽 노동회의소(Arbeitskammer)의 소개와 이에 관한 몇 가지 오해." 『정책이슈』제28호.

김성희 외. 2018. "지방정부 노동존중정책이 변화와 과제: 경기지역 노동자들의 정책요구를 중심으로." 이용득 의원실 외 주최 토론회 자료집.

김성희. 2019. "서울형 노동회의소 도입 방안." 서울특별시의회 연구용역보고서.

김유선. 2007. "한국의 노동." 한국노동사회연구소.

김종진 외. 2018. "지방분권 시대! 지방정부 노동행정 혁신의 과제와 방향성 모색." 이용득 의원실 외 주최 토론회 자료집.

김종진 외. 2019. "지역사회 노동자 권익 중간조직 역할과 과제." 한국노동사회연구소 141차 노동포럼 자료집.

김종진. 2018. "4차 산업 시대 노동의 미래." 『노동사회』제200호.

김현우. 2007. "오스트리아의 사회협약 체제." "주요 외국의 사회적 대화 및 사회협약체제 비교연구(II)." 경제사회발전노사정위원회 연구용역보고서.

김혜진·이병훈·진숙경·박명준. 2017. "미조직취약노동자 지원체계 구축방안 연구." 고용노동부 연구용역보고서.

김홍섭. 2015. "사회적 합의주의의 특별한 예, 오스트리아의 '사회적 파트너십'." 『독일언어문학』제70집.

노광표. 2018. "오스트리아 노사 관계 방문기: 사회적 대화와 노동회의소를 중심으로." 『노사연브 리프』 제3호.

더불어민주당. 2017. "제19대 대통령선거 더불어민주당 정책공약집."

더불어민주당. 2020. "제21대 국회의원 선거 더불어민주당 정책공약집."

마거릿 콘 지음. 장문석 옮김. 2013. 『래디컬 스페이스: 협동조합, 민중회관, 노동회의소』. 삼천리.

민병길 외. 2018. "경기도형 노동회의소 설립 추진방안." 경기연구원.

박귀천 외. 2017. "새정부의 과제, 비정규직 등 취약노동자 이해대변기구 마련 방안 모색." 이용득 의원실 주관 토론회 자료집.

박규정. 2007. "독일 빌헬름 시기 노동회의소법안((Arbeitskammergesetz)을 둘러싼 논쟁들." 『서양 사론』 제81호.

박규정. 2007. "빌헬름제국 시기(1890-1914) 독일 사회민주당과 의회활동." 『아태연구』 14(1).

박명준 외. 2014. "노동이해대변의 다양화와 새로운 노사 관계의 형성." 한국노동연구원.

박석돈. 1997. "오스트리아 사회적 동반협력제도의 조직 및 운영." 『복지행정논총』 7.

박준식 외. 2017. "새로운 정부의 노동정책 토론회: 4차 산업혁명시대의 노동정책과 사회적 대화 방안 모색." 이용득 의원실 외 주최 토론회 자료집.

손영우. 2014. "프랑스에서는 왜 단체협약적용률이 높은가?" 『국제지역연구』 제17권 제4호.

안병영. 2013. 『왜 오스트리아 모델인가』. 문학과지성사.

어기구. 2010. "오스트리아의 적극적 노동정책과 노동조합의 역할." 『노동저널』 Vol. 2010 No.6.

에머리히 탈로스·버나드 키텔. 2003. "1990년대의 오스트리아: 사회적 파트너십은 정착되었나?" 『유럽의 사회협의제도』. 한국노동연구원.

이문호. 2017. "독일의 산업 4.0과 노동조합의 대응." 『4차 산업혁명과 노동조합의 대응』. 한국노 총 중앙연구원 외 주최 토론회 자료집.

이용득. 2014. 『노동은 밥이다』. 미래를 소유한 사람들.

이용득 의원실. 2018. "브란덴부르크 노동회의소 도입 전략"(독일 한스 뵈클러재단 발행 연구보 고서 "Arbeit und Soziales" 300호, 2014 번역본).

이용득의원·한국노총·프리드리히 에버트재단 주최 국제심포지엄 자료집. 2017. "외국의 사례로 본 한국형 노동회의소의 필요성과 도입 방향"(07/18).

이용득 의원실. "오스트리아 노동회의소법"(Bundesgesetz über die Kammern für Arbeiter und Angestellte und die Bundeskammer für Arbeiter und Angestellte, Arbeiterkammergesetz – AKG) 번 역문.

이철. 2016. "미국의 노동자센터에 대한 사례분석과 시사점." 『동향과 이슈』 2016-1. 서울노동권 익센터.

이호근. 2017. "제4차 산업혁명시대의 미조직 노동자 이익대변에 관한 연구: 노동회의소 (Arbeitskammer) 도입 방안을 중심으로." 『국제노동』. 통권 제233호.

이호근·임상훈·김기우. 2018. "미조직 취약노동자 권익보호연구: 지방자치단체 중심으로." 고용 노동부 연구용역보고서.

이호근·임상훈·김기우. 2017. "지속가능한 복지사회건설을 위한 '새로운 노사 관계 모델' 도입 방 안에 관한 연구." 이용득의원실, 민주연구원, 한국노총 연구용역보고서.

이호근·임상훈·김성희. 2020. "한국형 노동회의소 도입 방안 연구." 이용득의원실 연구용역보고서

장근호. 2018. "우리나라 고용구조의 특징과 과제." 『BOK 경제연구』제2018-34호.

장승혁. 2019. "오스트리아의 노동사회법원과 그 제도적 수용을 위한 모색." 서울대노동법연구회 외 2019년 공동학술대회 자료집. 『노동법원, 어떻게 만들 것인가?』.

장지연. 2017. "고용형태의 다양화와 노동시장 불평등." 『고용노동브리프』제69호.

정흥준. 2019. "특수형태근로종사자의 규모 추정에 대한 새로운 접근." 『고용노동브리프』제88호.

제갈현숙. 2017. "독일 노동회의소가 한국에 주는 시사점: 역사적 의미와 기능을 중심으로." 민주 노총 정책연구원 연구노트 2017-01호.

조성재. 2018. "소득불평등과 임금격차 해소를 위한 전방위적 제도개선 방안." 고용노동부 연구 용역보고서.

조효래 외. 2019. "한국의 노동운동 발전방향과 노사 관계 모색." 민주노총 정책연구원 외 공동주 최 토론회 자료집.

조효래. 2019. "산별노조운동의 딜레마와 조직적 과제: 전국금속노조의 사례." 『산업노동연구』25 권1호.

질 루이스. 2003. "역사적 시각에서의 오스트리아: 내전에서 사회적 파트너십으로." 『유럽의 사 회협의제도』. 한국노동연구원.

최영기 외. 2000. "노사 관계 모델에 대한 국제비교." 한국노동연구원.

통계청. 2019. "2019년 6월 기준 사업체 노동력 조사 부가조사."

피터 아우어 지음·장홍근 외 옮김. 2000. "노동정책의 유럽적 대안." 한국노동연구원.

한국노동연구원 동향분석실. 2019. "2018년 임금동향 및 2019년 임금전망." 『KLI 고용노동브리 프』제89호.

한스 슬롬프 지음·이원덕 외 옮김. 1997. "유럽의 노사 관계." 한국노동연구원.

한인상. 2018. "'오스트리아 연방/빈 노동회의소'를 다녀와서: 근로자 이해 대변 기구 전문가로서 의 활동." 『NARS』vol. 39.

한인상 외. 2017. "2017년도 국외 출장(독일·오스트리아) 결과 보고서." 국회입법조사처 (2017/12).

AK WIEN. 2018. "DIE ARBEITER-KAMMER."

AK. 2018. "Leistungsbilanz der Arbeiterkammern."

Bundesarbeitskammer. 2018. "Tätigkeitsbericht Bundesarbeitskammer."

Hiessl, Christina. 2019. "The Legal Enforcement of Social Security Rights in Austria." 『사회보장법학』 제8권 제1호.

Mulley, Klaus-Dieter. 2019. Die Kammern für Arbeiter und Angestellte.

OECD. 2017. "Employment Outlook."

OECD. 2018. "Good Jobs for All in a Changing World of Work."

Tálos, Emmerich. 2006. "Sozialpartnerschaft. Austrokorporatismus am Ende?" Demokratiezentrum Wien.

WEF. 2019. "The Global Competitiveness Report."

일러두기

3부 "오스트리아 노동회의소"는

1. 오스트리아노동조합총연맹, 노동조합, 노동회의소의 교육 업무에 사용하기 위해 만들어진
   다음 책자의 전문을 번역한 것이다.
   Klaus-Dieter Mulley, *Die Kammern für Arbeiter und Angestellte*, Wien: Verlag des ÖGB GmbH, 2019.

2. 이용득 의원실에서 국회도서관의 번역 지원을 받아 발간한 2019년 국정감사 정책 자료집
   "오스트리아 노동회의소"를 참조했으며, 오스트리아노동조합총연맹으로부터 번역·출간 허락을 받았다.

3부

오스트리아 노동회의소

클라우스-디터 물리 지음

이호근* 옮김

* 전북대학교 법학전문대학원 교수

노동자의 보호와 노동자의 권리를 위해 투쟁합니다

2019년 우리 노동자들은 노동회의소 선거를 통해, 법적으로 보장된, 노동자 대표를 선출할 기회를 갖게 됩니다. 모두가 공동으로 참여해 결정하는 강력한 모습은 노동회의소와 노동조합운동에, 최근 반(反)노동조합적인 정치적 분위기에도 굴하지 않고 노동자의 권익을 성공적으로 관철할 수 있는 동력을 줄 것입니다.

모든 노동자가 노동회의소 소속 회원이라는 사실에서 노동자의 이해가 갖는 무게를 새삼 깨닫게 됩니다. 이른바 '노동자 의회'(Parlament der ArbeiterInnen, 노동회의소 총회와 연방 총회)를 통해 370만 명의 노동자들은 국가와 경제계에 분명하면서도 민주적으로 보장받은 목소리를 낼 수 있을 것입니다. 달리 표현하자면 이런 의무 가입 제도가 정책 입안자들로 하여금 노동자의 목소리에 귀 기울이지 않으면 안 되도록 만든다고 할 수 있습니다. 이는 언젠가 필요할 때 혜택을 누리기 위해 계속 회비를 납입하는 건강보험 제도와도 비견할 수 있습니다. 즉 심각한 질병에 걸린 경우 개인이 고액의 수술

비를 전액 부담하는 것이 아니라 공동체가 함께 위험을 분담한다는 점에서 유사성을 찾을 수 있습니다.

노동회의소는 소속 회원과 긴밀히 연계되어 있습니다. 노동회의소에서 제공하는 다양한 서비스 외에도 370만 회원과 오스트리아 연방노총(Österreichischer Gewerkschaftsbund, ÖGB), 개별 노동조합, 종업원평의회(Betriebsrat), 그리고 직장평의회(Personalvertretung)가 함께 연대하여 노동자의 권익을 보장하기 위해 강력한 목소리를 내고 있습니다.

노동회의소는 1920년 2월 26일 노동회의소법에 따라 설립된 이후로 노동자의 경제적·사회적 지위 향상을 목표로 삼아 왔습니다. 본 안내 책자는 법적으로 규정된 노동회의소의 다양한 업무와 조직에 대해 살펴볼 수 있는 기회가 될 것입니다.

레나테 안데를(Renate Anderl)

연방노동회의소 의장

이미 네 차례나 개정된 본서는 크게 세 부분으로 구성된다. 제1장에서는 노동회의소의 업무, 조직, 재정, 회원 및 역사를 살펴본다. 특히 노동회의소가 오스트리아 정치 무대에서 갖고 있는 위상에 대해 상세하게 설명할 것이다.

제2장에서는 '노동자 의회'의 선출 방법에 대해 설명한다. 특히 노동회의소의 자치행정 조직과 사무국에 주목해 노동회의소가 제공하는 다양한 서비스에 대해서도 살펴본다.

마지막으로 제3장은 유럽에서 노동회의소의 정치적 활동 상황과 노동회의소의 미래 프로그램에 대해 다룰 것이다.

또한 룩셈부르크, 자를란트, 그리고 브레멘의 유럽 내 '자매 노동회의소'와 오스트리아 연방노총(ÖGB) 및 산하 노동조합을 개괄하면서 마무리한다.

본서는 빈 노동회의소(Arbeiterkammer Wien)와 연방노동회의소 업무 및 활동을 소개하기 위해 빈 노동회의소가 작성한 파워포인트 자료를 참고로 했다. 이 파워포인트 자료는 빈 노동회의소에 요청하면 받을 수 있다.

특히 본서는 브리기테 펠라(von Brigitte Pellar)가 훌륭하게 집필한 이전 판본, 노동회의소와 사회적 파트너가 발간한 공식 문서 및 인터넷 게시물, 그리고 개별 노동회의소 회장과 의장들의 진술 등을 바탕으로 작성되었으며, 이 모든 자료에서 일부 텍스트를 인용했다.

개정판을 발간하는 데 애써 준 모든 이들에게 감사를 전하고 싶다. 특히 친애하는 동료인 루디 발르너(Rudi Wallner), 마티아스 발라(Matthias Balla)와 페터 아우텐그루버(Peter Autengruber)에게 감사의 말을 전하고 싶다. 또한 문서를 읽고 교정하는 데 그치지 않고 다양한 수정 사항을 제4판에 적용하고자 갖은 수고를 아끼지 않은 안나 하스(Anna Haas)에게도 깊은 감사의 뜻을 전한다. 오류나 오해를 살 만한 표현에 대한 책임은 전적으로 본 저자에게 있음을 밝힌다.

클라우스-디터 물리(Klaus-Dieter Mulley)

1

노동회의소
개관

1.1
법적 과제

법적 과제

노동회의소법 제1조

노동회의소 및 연방노동회의소는 노동자의 사회적·경제적·직업적 그리고 문화적 권익을 대변하고 지원해야 한다.

"노동회의소 및 연방노동회의소는 노동자의 사회적·경제적·직업적 그리고 문화적 권익을 대변하고 지원해야 한다."

〈노동회의소 및 연방노동회의소에 대한 연방법〉('노동회의소법' 1992) 제1조는 위와 같이 규정하고 있다.

노동회의소에 부여된 이런 포괄적인 의무는 입법자가 다음 조항을 통해 다시 한 번 강조함으로써 더욱 명확해진다. 노동회의소는 "노동자(노동자였으나 일자리를 잃은 사람 및 연금 수급자를 포함하여)의 권익을 대표하여 필요하고 목적에 부합하는 모든 조치를 취해야 한다."

주요 업무

- 권익을 대변하는 전문적 분석
- 회원을 위한 폭넓은 서비스 제공, 특히 법률 자문 및 법적 보호
- 국가 기관을 상대로 한 권익 주장
- 노동자 관련 주제에 대한 학문적 연구
- 종업원평의회원들과 간부를 위한 교육 및 특별 서비스

노동회의소는 법적으로 부여된 과제 영역을 수행하며

— 권익을 대변하는 전문적 분석

— 노동자 관련 주제에 대한 학문적 연구

— 회원을 위한 폭넓은 서비스 제공, 특히 법률 자문 및 법적 보호

— 국가 기관을 상대로 한 권익 주장

— 종업원평의회원들과 간부를 위한 교육 및 특별 서비스

— 이를 위해 노동조합 및 오스트리아 연방노총과 포괄적으로 협력
한다.

권익 대변 기관으로서의 의무를 수행하기 위해 노동회의소는 다음과 같은 권한을 갖는다.

— 입법 초안 및 법률 제정 고지 시 의견을 제시하고 입법기관에 관련 보고서와 제안서를 제출

— 행정기관에 제안서와 보고서를 제출, 시행령 초안에 대한 의견

제시, 기타 법령에서 정하는 바에 따라 국가 행정에 참여

— 법률에서 정하는 바에 따라 단체 또는 기관에 대표자 파견 또는 대표자 지명 제안권 행사

— 고용 관계에 관련이 있거나 노동자 및 해당 가족의 경제적 또는 사회적 지위 향상에 기여할 수 있는 모든 조치와 기관에 대한 관여, 이런 목적을 위한 기관 설립, 관리 및 지원

— 교육, 문화, 환경보호, 소비자 보호, 여가 시간 활용 방안, 건강의 보호와 촉진, 주거 환경 및 완전고용 지원 관련 조치 실행, 기관 설립, 관리 및 지원

— 경제 부문 행정, 특히 모든 종류의 생산품이나 용역에 부과되는 가격 결정과 독과점 방지 규정 관련 조치에 관여

— 노동자 현황 관련 학문적 조사 및 연구 수행 또는 참여

— 노동자 권익과 관련된 모든 사항에 대한 정보 제공

— 총회 대의원 선출 그룹의 활동 지원

— 평가, 제안 및 기타 법률에 따라 허용되는 참여권을 이용하여 국제 관계에서 노동자의 권익을 대변하고 해외 또는 국제기구나 단체들과의 관계 유지

또한 노동회의소는 노동법, 사회보험법 및 노동자보호법의 규정 준수 여부 감독, 노동감독관과 기타 관할 관청에서 모든 종류의 작업장과 용역, 생산 주거지를 시찰하도록 신청하고 참여할 뿐만 아니라, 사업주와 위법 사항을 해소하기 위한 방안을 협의할 수 있다.

마찬가지로 직업 훈련생 또는 청소년 노동자의 권익을 보호하고

이들의 직업 교육 현황을 감독하는 것 역시 노동회의소의 업무에 포함된다. 또한 노동회의소는 법률에 따라 부여된 국가 행정 관련 업무를 수행해야 한다. 이 위임 분야에는 종업원 평의회에 대한 감독도 포함된다. 즉, 종업원 평의회 기관의 재무관리에 대한 감독 및 2017년부터는 자영 노동이 아닌 취업자의 보건 분야 직업 등록 관리 업무 역시 수행하고 있다.

1.2
노동회의소의 역사적 배경

노동회의소의 역사적 배경

- 노동조합의 성공적 투쟁: 노동회의소는 노조의 조력 수단이 되어야 함
- 상공회의소와 균형을 이루는 상대
- 1920년 제정 노동회의소법에 따른 과제
  - 제안서와 평가 의견서를 통해 자영이 아닌 취업자의 권익 확대
  - 법률에 대한 분석 평가
  - [특정 목적의] 위원회, 소위원회와 기관 내 경제(논의) 참여의 수단
  - 노동자들의 경제적·사회적 실태에 대한 통계 조사
  - 노동조합 보호 및 지원

19세기는 자유주의적 시민 의식, 경제정책에 영향을 끼치고자 하는 신산업의 열망, 그리고 자기 부담의 경감과 행정법에 따라 정비된 국가를 바라는 국가 관료 조직의 염원이 함께 등장한 시기였다. 이는 1816년의 첫 번째 시도 후 30년이 지난 1848년에 '시민 혁명'이 발발함으로써 의무적 회원제를 기반으로 하는, 경제계의 자치기관인 상공회의소 및 무역회의소가 설립됨으로써 현실화되었으며, 이 기관은 1868년에는 제국의회에 대표를 파견하기에 이르

렀다.

　1872년 초기 노동조합 운동은 정치적으로 온건한 일부 노동자와 함께, 노동회의소 설립을 통한 동등한 권리 보장을 요구했으나, 왕실 정부의 반대에 부딪혀 실패했다. 12년 후 왕실 정부에서 이 제안을 수용했을 때, 사회민주주의 성향의 노동자들이 오히려 이 제안을 강력히 거부했는데, 이는 보통 선거권에 대한 노동자의 요구를 피해 가려는 수단이라고 생각했기 때문이다. 1907년 남성 보통 선거권이 도입되었고, 노동자의 사회 및 경제·행정에 대한 참여를 둘러싸고 학자들 간에 격렬한 토론이 벌어졌으며, 일부 유럽 국가에 유사한 기관이 설치된 후, 1917년에야 오스트리아 노동조합은 노동회의소 설립을 자신들의 중심적인 정치적 요구 사항으로 제기하기 시작했다.

　중산층 시민계급의 약점이 적나라하게 드러난 '오스트리아 혁명'(1918~1920)을 통해 노동조합은 마침내 유럽의 본보기가 될 사회법 제정에 성공했으며, 이를 통해 노동회의소의 법적 설립을 관철할 수 있었다. 이 과정에서 노동조합 운동가이자 사회부 장관이었던 페르디난트 하누쉬(Ferdinand Hanusch)의 공을 결코 잊을 수 없을 것이다.

　1920년 2월 28일에 제정된 노동회의소법은 노동조합의 투쟁으로 이룩한 결과였으며 노동조합은 이를 통해, 이미 정치적으로 확고한 영향력을 행사하고 있던 상공회의소 및 무역회의소와 균형을 이루는 기관을 만들어 낼 수 있게 되었다.

1920년에 제정된 첫 번째 노동회의소법은 무엇보다 그동안 국가행정 및 입법기관에 대해 유보되었던 노동자의 권리를 확대하는 데 중점을 두었다.

— 상공회의소 및 무역회의소와 마찬가지로 노동회의소는 법률안을 검토해 의견을 제시할 권한을 부여받았다. 비록 의회 내 다수 세력이었던 부르주아 시민계급이 정부를 구성했던 제1공화국에서는 초보적인 형태이기는 했지만, 이런 권한이 인정됨으로써 노동자의 권익이 법률에 반영되는 길이 열렸다.

— 이제 정부는 노동회의소의 대표자들을 정부가 설치한 각종 소위원회, 위원회와 (정부의 위임을 받은) 조사, 그리고 기관에 참여시켜야 했다. 이런 특전은 이전에는 경제 단체 대표자들에게만 부여되었던 것이다.

— 당시 노동회의소의 중요한 임무 중 하나는, 노동자의 경제적·사회적 상황에 대한 통계자료를 첨부해 보고서를 작성·제출하는 것이었다. 연방과 개별 주의 입법 기관은 이를 경제적 및 사회적 상황의 개선을 위한 계기로 삼았다.

— 노동조합은 노동회의소가, 정당의 한계를 넘어 통일된 노동운동을 가능하게 하는 보완과 지원 역할을 할 것으로 보았다. 또한 자치권이 법적으로 보장되고 의무적 회원제를 기반으로 운영되는 노동회의소는 노동조합 운동의 수호자이기도 했다. 나아가 노동회의소는 출발부터 노동조합에 대한 교육 및 평생교육을 지원하는 과제를 갖고 있었다.

노동회의소의 역사

1848 상업회의소 설립

제국의회에서 거부 **1874** ← **1872** 사회부와 노동회의소 설립 요구

새로운 청원이 다시 거부됨 **1886** → **1889** 상업부에 상설 노동위원회 설립 (1/4 노동자 대표)

1907 1907/1919 보통 선거권 도입

첫 노동회의소 선거 **1921** ← **1920** 노동회의소법

선출 기관을 대신한 정부위원 **1934** → **1938** → **1945** 노동회의소 재설립
노동회의소 해산

노동회의소법 개혁 **1992** ← **1954** 노동회의소법 개정

회원 설문을 통한 노동회의소 추인 **1996** ← **2000** 강력한 정치적 공격

2017 3백만 명이 넘는 회원을 통한 세력화

1920년, 오스트리아 노동회의소는 노동조합의 노력으로, 국가를 상대하는 노동자의 대리인이자 19세기 중반부터 존재했던 상업회의소 및 무역회의소와 사회적으로 동등한 기관이 되었다.

1848

산업계와 관료 조직(왕실상업위원회)에 의해 1816년 최초의 시도가 이루어진 이후 장관 테오도르 호른보스텔(Theodor Hornbostel)이 이끄는 내각은 1848년 10월 3일 니더외스터라이히(Niederösterreich) 주 상공인협회의 강력한 요구에 따라, 아직 황제의 재가를 받지 않은 '임시' 상공회의소 설립을 의결했다. 1850년 상공회의소는 법안 검토 및 의견 제시 권한이 부여되었으며, 통계자료 수집 및 경제 상황에 대해 전체적으로 보고하는 권한만 허용되었다. 1861년 합스부르크 왕가 영토의 서부 지역에 의회가 설립되었을 때, 마침내 상공회의소에 새로운 정치적 의미가 부여되었다. 상공회의소는 1873년부터 '기업가 대표단'으로 제국의회에 의원을 참석시켰다. 당시 의회는 민주적 절차에 따라 선출된 이들이 아니라, 기업가, 농민 등 다양한 '대표단'으로 구성되었으며, 개별 대표단에서는 일정한 수의 의원을 선임할 수 있었다. 선거는 개별 '대표단' 내에서 어떤 파벌이 다수를 점할 것인지만 결정했다. '평민'에게는 선거권이 없었으나, 이후 극히 적은 수의 의원을 파견하여 '일반 대표단'을 구성하는 것은 허용되었다.

1872

'인민의 소리 협회'(Verein Volksstimme)는 노동조합과 협의 후, 최초의 노동조합 단체의 강력한 요구에 부응하여 1872년 제국의회에 노동회의소와 '사회부'의 설립을 요구하는 성명서를 제출했다. 노동회의소와 함께 독립적인 통계조사 및 독립적인 법률 검토의 전제 조건을 갖추고, 노동회의소를 통해 제국의회 내에 노동자들을 대표하는 자체 '대표단'을 구성하는 것이 그 목표였다. 이런 요구는 또한 보통 선거권을 획득하기 위한 중간 단계이기도 했다.

1874

성명서를 검토한 제국의회 산하 위원회는 노동회의소 설립에는 동의했으나, 정치적 대표자로서의 권한을 부여하는 것은 거부했다. 하지만 '노동자 보호 입법'의 필요성과 [노동자들의] 사회(경제적) 여건에 대한 학문적 연구를 지원할 필요가 있다는 점은 인정되었다.

1886

자유당 의원 아우구스트 폰 플레너(August von Plener)는 제국의회에 노동회의소 설립을 촉구하는 청원을 제출했다. 이에 의회는 다시 특별위원회를 구성했고, 몇 년에 걸쳐 협상이 진행되었다. 위원회는 1889년에야 청문회를 열어 노동자 대표 몇 명을 참고인으로 초청했다. 이 청문회에서 플레너의 초안은 명확하게 거부되었다. 노동조합 운동가 중 한 사람은 "우리는 의무나 통계 조사의 역할만 부여하는 것이 아니라, 우리에게 매우 명확하고 분명히 정해진 권리를 보장하는 노동회의소의 설립을 추구한다."라고 말했다. 폰 빅터 아들러(Von Victor Adler)는 제출된 초안의 목적이 노동자에게 보통 선거권을 부여하지 않음으로써 제국의회에 노동자가 진출하는 것을 막으려는 데 있다고 보고 이를 강력하게 반대했다. 결국 노동회의소법 제정은 실패로 돌아갔다.

1898

1898년 상공부 소속 노동통계청에 '사회적 실태 조사'의 업무가 부여되었다. 당시 이 기관에 소속되었던 '상설 노동위원회'는 25%가 노동자였으며, 노동통계청에서 주관하던 법률 검토 작업에 더욱 빈번하게 참여하게 되었다. 당시 왕정하에서 이 위원회보다 노동자의 참여가 높았던 정치적 기관은 존재하지 않았다.

1907

노동자는 전례 없는 선거권 투쟁을 통해 1907년에 남성을 위한 보통 선거권을 쟁취했다. 이른바 대표단 의회가 막을 내린 후 국가를 상대로 한 이해 대변 및 정책 참여의 중요성이 다시 부각되었으나, 제국 내에서 노동자 권익을 [사용자와] 동등하게 인정해 달라는 요구는 묵살되기 일쑤였다.

1914~1918

제1차 세계대전이 발발하면서 1914년부터 시작된 전시 독재 아래에서 노동자의 참여권을 요구하기란 아예 불가능했다. 그러나 정부는 결국 노동조합 운동가들을 '고충처리위원회'에 참여시킬 필요가 있음을 느끼게 되었고, 그 결과 노동조합은 최소한의 참여권을 가질 수 있었다. 패전이 눈앞에 다가오고, 러시아혁명에 고무된 노동자들이 평화에 대해 목소리를 높이면서 제국의회가 1917년에 다시 소집되었다. 체코의 사회민주당원, 헝가리 노동조합과 칼 렌너(Karl Renner)는 당시 노동회의소 설립을 요구했으며, '평화 경제'로 전환되어 주요 정책이 변경될 때 노동자의 권익이 대변될 수 있도록하는 기회가 될 것으로 보았다. 사회민주 자유노조회의는 1917년에 전면적인 노동회의소 설립을 요구했다. 기독교 노동조합 역시자본과 노동 사이의 차이를 함께 극복하기 위해 노동회의소의 설립을 요구했다.

1918~1920

민주공화국 설립 초기 몇 년 동안, 지도적인 사회민주주의 노동조합 운동가이자 사회부 장관이었던 페르디난트 하누쉬가 전반적인 사회법의 기초를 만들었다. 1920년 2월 26일 집단적 노동법 틀에서 단체계약법과 종업원 평의회법의 보완 법령으로서 노동회의소 설치에 대한 법이 제헌국민의회에서 만장일치로 의결되었으며, 1920년 3월 9일 공포되었다. 이후 3개월 동안 필요한 절차를 거쳐 1920년 6월 9일 첫 노동회의소법이 발효되었다. 노동조합의 희망에 따르면 노동회의소는 '오스트리아 혁명'의 사회적 성과를 지키는 '방패막이'의 역할을 해야 했다. 노동회의소는 "노동조합 소속기관으로서 경제 상황을 파악하고 사회 정책적으로 법적 기관의 덤불숲을 헤치고 들어가며 노동법적으로 모든 것에 대한 수호를 돕는 기구"가 되어야 했다.

1921

1921년 2월에 첫 노동회의소 선거가 시행되었으며, 봄에 첫 총회가 열렸다. 지금까지 성취한 사회적 성과를 지켜 내는 것에서 한 발 더 나아가 노동자에게 사회적으로 [사용자와] 동등한 경제적 공동 결정이 보장되어야 할 것이었다. 의회 또한 노동회의소법 제정이 의결된 다음 해(1921)에 정책의 모든 부문에서 노동자의 권익이 상공회의소의 요구와 동등하게 존중되어야 한다고 선언했다.

노동회의소는 제1공화국 내내 경제적 공동 결정 과제의 일부만을 수행할 수 있었다. '사회적 동반자'(Sozialpartnerschaft)로서 협상을 할 여지가 거의 없었기 때문이다. 그러나 노동회의소는 노동조합의 강화와 민주적 의사 형성에 결정적인 역할을 했으며, 노동회의소의 자치행정 기구는 정치적 투쟁과 특정 정당 노선을 추종하던 노동조합을 위한, 유일한 공동의 플랫폼 역할을 수행했다. 당시는 중립적인 노동조합 연맹 등이 아직 존재하지 않던 시절이었다.

1926~1933

정치적 대립이 극심하던 1926년에 노동회의소 선거가 치러진 후, 노동회의소 선거법 개정에 대한 정치적 토론이 일어났다. 이 토론은 1931년부터 부르주아 민족주의 성향의 정부에 의해 새로운 노동회의소법에 대한 합의가 이루어질 때까지 노동회의소 선거를 연기하도록 하는 계기가 되었다. 또한 예산 절약을 명목으로 노동회의소 근무자의 급여가 삭감되었다. 부르주아 성향의 정부는 자유(사회민주주의) 노동조합의 영향하에 있던 노동회의소를 약화시키려고 했던 것이다.

1934

민주주의와 밀접한 관련이 있는 기관인 노동회의소는 돌푸스 정권의 '권위주의적 정책'의 희생자가 될 수밖에 없었다. 1933년 초 의회가 해산된 후 노동회의소 선거는 정부에 의해 여러 차례 연기되었으며, 노동회의소 근무자에 대한 제재 조치가 추가로 취해졌다. 돌푸스 정권은 최종적으로 노동회의소를 장악하고자 1934년 1월 1일 정부 감사관을 임명하고 관리위원회라고 명명했다. 이에 따라 노동회의소의 자치권이 박탈되었으며, 사회민주주의 성향의 노동조합은 자신의 의견이 충분히 반영되지 않는 이런 '위원회'와 협력하기를 거부했다. 1934년 5월 1일에 권위주의적 '조합국가'(Ständestaat)가 선포됨에 따라 노동회의소는 국가가 통제하는 '오스트리아 노동자와 사무 기술직 노동조합 단체' 소속 사무국으로 전락했으며, 다수의 자유주의적 노동조합 운동가와 사회민주주의 성향의 근무자들이 박해를 받거나 이민을 강요당했다.

1938

1938년 3월 국가사회주의 노동자당이 집권한 후 노동회의소는 해체되었고 그 재산은 독일노동전선(DAF)에 귀속되었다. 빈 노동회의소의 귀중한 도서관 자료, 노동회의소와 노동조합의 자료 및 서류는 대부분 DAF의 노동연구기관(AWI)에 넘겨졌다. 피신하지 않았던 전직 간부와 근무자는 독일비밀경찰(GESTAPO)에게 쫓기거나 체포를 당해 강제수용소에서 목숨을 잃었다[빈 노동회의소의 최초의 여성 부서 책임자였던 캐테 라이히터(Käthe Leichter) 박사 역시 이런 사람들 가운데 하나였다].

1945

제2민주공화국의 입법은 제1민주공화국을 계승했다. 이미 1945년 7월 20일에 국민의회는 오스트리아 연방노총의 요구에 따라 민주적 자치행정을 갖춘 노동회의소의 재설립을 결정했다. 원래 계획했던 임업과 산림업 노동자의 참여 여부는 농업 종사자의 헌법소원에 따라 부르겐란트(Burgenland)와 빈 주(州)에서만 시행될 수 있었다. 회의소의 업무 범위와 조직은 오늘날까지 크게 달라지지 않았으며, 이는 특정한 시기의 경제적·사회적·정치적 요구를 충족시키기 위해 개정이 필요했을 경우에도 마찬가지였다.

1954

1954년 개정된 노동회의소법은 무엇보다 소속과 임무를 명확하게 했으며, 선거권을 정확히 규정했다. 새로운 노동회의소 관련 기관으로 (대략 빈 노동회의소의 경우) 그전까지 노동회의소 외부 기관이었던 자문위원회를 대신하여 전문위원회가 설립되었으며, 이를 통해 '오스트리아 노동회의소 회의'(1992년부터 '연방노동회의소'로 개칭

됨)를 통해 이루어진 범연방적 협력에 새로운 기반이 부여되었다. 1954년 노동회의소법은 일부 조항이 필요에 따라 끊임없이 개정되기는 했지만, 거의 38년 동안 유지되었다.

1992

1990년대가 시작될 무렵 거대한 마지막 개혁이 시작되었다. 당시 노동회의소는 심각한 합법성 논란에 직면하고 있었다. 그 이유는 일부 간부의 적절치 못한 행동뿐만 아니라 오스트리아에서 힘을 얻기 시작한 신자유주의적 헤게모니가 포퓰리즘 정책을 추구하던 정당과 결합한 데서 찾을 수 있을 것이다. 아울러 당시 등장한 강력한 환경 운동과, 이로 말미암아 등장한 사회의 가치전환도 간과할 수 없다. 특히 이 가치의 전환은 전통적인 [노동권 중심의] 노동자 이해 대변의 정책과 대립했다. 진정한 개혁이 필요한 시점이었다. 개혁은 1992년 노동회의소법에 의해 도입되었는데, 목표는 다음과 같았다.

- 노동자의 권익을 대변하는 포괄적인 조직으로서 노동회의소의 위상 강화
- 특히 법적 보호를 보장하고 생태 문제의 처리로 과제를 확대
- 선거법과 선거 절차의 개선을 통해 좀 더 민주적인 기관으로 거듭나며, 선출된 회의소 대의원의 권한 강화, 소수집단의 권리 강화 및 회의소 소속 노동자의 권리를 바탕으로 하는 직접 민주주의적 요소를 도입

— 명확한 권한 규정, 투명한 예산 및 회계 관리와 급여 및 판공비
　에 대한 명확한 지침을 통해 좀 더 투명한 경영을 추구
— 새로운 내부(관리위원회) 및 외부(회계 감사관) 통제 기관, 연방노
　동사회부 및 사회부의 감독권을 확장함으로써 통제 강화

1996

관리직 직원의 월급이 기준보다 높다는 사실(1992년 노동회의소법
은 이를 제재할 수 없었다)과 특혜 제공에 대한 비난 등으로 말미암아,
1994년 노동회의소 선거 참여율은 최저를 기록했다. 이 사건은 다
시 의무 회원제와 노동회의소의 존재 여부 외에도 오스트리아의
전체 노동회의소 조직에 의문을 제기하는 시발점이 되었다. 이에
따라 1996년 초 회원(전체 노동회의소)을 대상으로 실시된 설문조사
의 의미가 특히 중요하게 받아들여졌으며, 약 60%가 넘는 회원이
설문에 응했다. 결과적으로 전국 응답자의 90% 이상이 법적으로
노동자의 권익을 대변하는 기관으로 노동회의소가 앞으로도 필요
하다고 응답했다.

1997

1994년 12월 21일 연방헌법은 법적으로 노동자 권익 대표 기관
의 재무관리 상태를 감사할 권리를 감사원에 부여했다. 이 법규는
1997년 1월부터 발효되었으며, 앞으로 노동회의소는 감사원의 감사
를 받게 되었다. 감사 업무에는 수치의 정확성 검토와 규정 준수 여
부 감사 이외에도 절약과 회계의 경제성 여부 판단이 포함되어 있다.

1998

국민의회는 〈노동회의소법 개정안 1998〉을 통해 노동회의소 선거법을 개혁하기로 했으며, 그 결과 선거권이 있는 노동자의 참여가 더욱 간편해졌다. 투표자를 배려한 선거권 개정 사항에는 우편을 통한 선거, 사업장 선거 관할구역 도입, 투표 시간 연장 및 선거인단 폐지가 포함되었다.

2000~2006

노동회의소가 오스트리아 연방노총, 노동조합 및 종업원 평의회 대의원과 함께, 오스트리아 국민당(ÖVP)-오스트리아 자유당(FPÖ) 연합 정부가 추진한 노동자 권익 축소(노동자의 부담 증가, 연금제도 개혁)에 대해 항의한 이후, 집권 정당이 사회적 투쟁이나 사회적 논쟁 시 노동회의소를 약화시키기 위해 노동회의소의 예산 축소를 요구하면서 격렬한 논쟁이 일어났다. 노동회의소는 노동회의소 플러스 프로젝트로 이런 시도를 성공적으로 차단할 수 있었다. 이 프로젝트를 통해 노동회의소는 회의소 예산이 노동자의 복지를 위해서만 사용된다는 점을 다시 강조했고, 목적에 따라 예산을 최대한 절감해 사용하고 있다는 사실을 밝힐 수 있었다.

2008

노동회의소는 법적 분류에 따르면 자치행정 기관에 속한다. 오스트리아 연방헌법에서는 2008년 1월 1일부터 지역에 구속되지 않는 자치행정의 기본 원칙을 규정하고 있다. 그 구조적 특징으로는 무엇보다 법정 회원제, 재량권 행사 범위, 국가기관의 제한적 감독, 국가 수행 사업에 대한 자치기관의 참여, 민주적 중층구조, 재정 확보 및 민법에 따른 권리 행사 등이 포함된다.

2015

'기관에 대한 신뢰도' 조사가 노동자들이 노동회의소를 긍정적으로 평가한다는 결과를 보여 주었다. 이런 신뢰는 각종 매체에 등장하는 회의소 간부에 대한 강한 믿음과 노동회의소 소속 전문가의 높은 명성 등을 통해 확인할 수 있다. 노동회의소는 지난 한 세기 동안, 회의소의 권익을 대표하는 정치적 요구 사항이 관철되거나 주목받도록 꾸준히 노력해 왔으며, 노동법 분야의 핵심 역량, 세제 및 소비자 보호 관련 문제에 대한 상담 역량을 강화해 왔다. 이런 노력을 바탕으로 회원과 더욱 밀접한 거리를 유지하고 서비스를 제공할 수 있도록 현대적인 상담 센터와 온라인 매체를 통한 접근 역량을 꾸준히 높이고 있다.

2016

2016년 시행된 세제 개혁은 근로소득세 개혁을 단호하게 주장해 온 노동회의소와 오스트리아 연방노총이 이루어 낸 큰 성과라고 할 수 있다.

"노동회의소에 대한 노동자의 높은 신뢰는 회의소가 직면한 문제를 해결할 수 있도록 하는 든든한 반석이다. 노동회의소의 역할은 복잡해진 세상에서 방향을 제시하는 것이다."

2017

노동회의소 소비자 보호 부서의 노력으로, 오스트리아의 은행들은 고객들에게 역금리를 통해 3억5천만 유로에 달하는 이자를 환급해야만 했다.

2018

노동회의소와 오스트리아 연방노총은 "노동환경은 어떤 모습이어야 하는가?"라는 주제로 대규모 의견 교환의 장을 마련하기 시작했다. 1백만 명이 넘는 노동자들이 일곱 가지 질문에 응답했으며, 노동회의소는 노동자의 바람과 노동자에게 필요한 것을 반영하여 "미래를 위한 프로그램 2019~2023"을 개발하고 있다.

1.3
상호 연대하는 성과 지향적 공동체

노동회의소가 지향하는 목표의 중심에는 노동자의 권익을 존중하는, 정의롭고 공정한 사회가 자리 잡고 있다. 노동회의소의 목표를 요약하면 다음과 같다.

노동회의소의 목표 :
사회적이며 상호 연대하는 성과 지향적 공동체

- 공정한 노동의 세계
- 완전고용을 통한 복지의 증가
- 동등하며 가치 있는 사회의 일원으로 노동자를 대하기
- 집단적 보장 제도 및 사회적 결속과 결합된 경제적 힘
- 모두를 위한 복지 향상에 대한 공정한 참여
- 종합적인 사회보장 시스템(질병·노령·요양·연금·실업 등에 대한)
- 소득과 자산의 공정한 분배
- 남성과 여성에게 동등한 기회 부여
- 높은 수준의 교육, 공평한 교육의 기회
- 유럽식 사회 모델: 지속 가능성, 인권, 사회적 기준, 사회적 대화
- 경제 활성화와 사회적 통합을 위한 유럽 국가들 간의 협력(임금 및 사회적 덤핑 금지)
- 글로벌화 조성
- 디지털 시대 노동 세계의 공동 설계

1.4

오스트리아의 정치체제

오스트리아의 정치체제

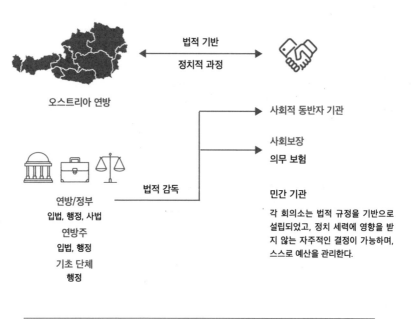

오스트리아는 의회 민주주의 국가이자 연방제 원칙에 따라 구성되었다. 입법 절차는 연방 수준과 주 수준으로 나뉘어 진행된다. 명

확히 연방의 관할권에 속하지 않는 안건은 주의 권한에 속한다. 기초 단체는 자신의 관할권이 보장된다. 모든 행정기관은 각 기관 관할권 내에서 명령을 집행할 수 있다. 전체 국가행정은 오직 법률을 기반으로 한다.

최상위 집행기관은 연방 대통령, 연방 정부의 구성원 및 주 정부의 구성원이다. 연방 대통령은 국가를 이끄는 수반이며, 연방 행정 업무는 연방 정부의 해당 부처에서 담당한다.

각 주의 집행 절차는 각 주 의회에서 선출된 주 정부에 의해 이루어진다. 주지사는 주 정부의 대표 역할을 맡는다. 주지사의 관할인 지역별 행정기관은 주 행정 업무와 함께 연방 행정 업무도 담당하며, 이 경우 해당 연방 정부 부처의 지시에 따른다. 개별 기초 단체 관할 영역 내에서 해당 시장이 업무를 처리한다.

경제적 기준 내지 직업적 기준에 의해 분류되는 단체(회의소)를 법률에 따라 정치적 절차에 참여시킴으로써 해당 단체의 포괄적 권익 대변이 가능하며, 이런 보장은 이미 정치적 결정 단계에서부터 이루어진다.

헌법에 따르면 오스트리아의 모든 재판권은 연방으로부터 비롯되며, 판결 및 기타 법적 결정은 '민주 공화국의 이름'으로 선포되어 완성된다. 법관은 독립성이 보장되므로 해고 및 전직 등의 위험으로부터 보호된다.

오스트리아의 민주주의는 직접 민주주의적 요소에 기반을 둔 대의 민주주의를 표방한다. 오스트리아 국민은 선거를 통해 지역별 대의기관(기초 단체 의회, 주 의회, 국민의회)을 구성한다. 투표자가 결정하는 선거 후보 그룹들 사이의 관계는 연방 정부 및 주 정부의 구성 및 이에 따른 연방 총리와 주지사의 선출에 영향을 준다. 시장은 기초 단체 의회에서 선출되거나 시민에 의해 직접 선출된다.

이런 구조는 직업적·경제적 자치 기관인 회의소에도 적용된다. 기초 단체에서 이루어지는 선거는 직접적 또는 간접적으로 집행부 위원회의 구성을 결정하며 또한 고위 간부의 선발에도 영향을 미친다. 이 경우 원칙적으로 기초 단체 선거, 주 선거 및 연방 선거와 동일한 선거 후보 그룹이 출마한다.

오스트리아에서는 [연방과 지방 간의] '보조성의 원칙'(Prinzip der Subsidiaritaet)이 매우 중요한 역할을 한다. 보조성 시스템에 따라 입법권을 지닌 지역별 기관이 존재하며, 전 오스트리아를 통틀어 '연방'과 아홉 개의 연방 주로 구성된다.

연방헌법은 연방과 주 사이의 관할권을 결정한다. 연방과 주는 각자 '자치 행정기관' 설치와 관련된 법률을 제정할 수 있으며, 이 기관은 입법권은 없지만 법률 집행에 참여할 수는 있다. 또 다른 형태로는 기초 지자체에 의한 지역적 자치 행정이 있다. [행정 지역 자치가 아닌] 직업상 자치기관은 국제적으로 보기 드문 사례라 할 것이다.

직업(기능) 자치행정(회의소)은 특정 지역에 거주하는 모든 시민단체에 의한 자치를 의미하는 것이 아니라, 동일한 경제적·사회적 이해를 지닌 시민이나 사업체, 기타 기관의 자치를 의미한다. 오스트리아의 경우 회의소가 가장 대규모의 직업별 자치행정 제도이다.

회의소는 법률에 따라 그룹별 특정 기관으로 설립되었다. 연방 수준이나 주 수준에 거의 모든 직업군을 위한 회의소가 존재한다. 회의소는 단순히 관심사를 대변하는 단체에 그치지 않고, 공적 임무를 수행함으로써 공공 기관의 일손을 덜기도 한다. 법정 사회보험 영역에서도 '사회적 자치행정'을 찾아볼 수 있다. 오스트리아의 사회보장 보험은 의료보험, 산재보험과 연금보험으로 구성되고, 이 조직은 자치행정 조직의 형태를 띠고 있으며, 그 권한은 해당 업무 수행으로 한정되어 있다. 2008년 1월 1일부터 오스트리아 연방헌법에 지역에 구속되지 않는 자치행정 기본 원칙이 명시되어 있다.

다른 민주국가와 마찬가지로, 자치행정 단체 외에도 오스트리아에는 자율적 회원제를 기반으로 하는 다양한 단체가 존재한다. 가장 중요한 자율 협회로는 오스트리아 연방노총과 오스트리아 산업협회를 들 수 있다.

오스트리아의 '사회적 동반자 관계'는 오스트리아의 독특한 특징으로 사용자 협회(오스트리아 경제회의소)와 노동자(연방노동회의소와 오스트리아 연방노총), 농업 종사자(농업회의소 대표자 회의) 사이의 자율적 협력 관계를 의미한다. 사회적 동반자의 성공 모델은 2008년부터 연방헌법상 적절하고 가치 있는 위상을 확보했다. 사회적 동반자 관계를 구성하면 기본적으로 정치적 결정에 영향을 미칠 수 있으며, 여기서 이루어진 정치적 결정을 단체 회원들은 정당한 것으로 받아들인다.

1.5
노동회의소와 노동조합의 협력

노동조합과의 협력

노동회의소법 제6조
노동회의소는 단체협약을 체결할 수 있는 자발적 직능인 단체와 종업원의 권익을 대변하는 대리인에게 자문을 제공하며, 나아가 노동자의 사회적·경제적·직업적 또는 문화적 권익을 보호하고 이들과 협력해야 한다.

오스트리아 연방노총과 노동회의소는 초창기부터 협력 관계를 유지해 왔다. 이에 대한 법적 근거는 1992년 노동회의소법 제6조에서 처음으로 만들어졌다. 이에 따르면

"노동회의소는 단체협약을 체결할 수 있는 자발적 직능인 단체와 종업원의 권익을 대변하는 대리인에게 자문을 제공하며, 나아가 노동자의 사회적·경제적·직업적 또는 문화적 권익을 보호하고 이들과 협력해야 한다."

사회민주주의 노동조합 위원회의 비서였던 안톤 휘버(Anton Hueber)는, 이미 노동회의소가 설립된 1920년에 임의적인 권익 대변과 법정 권익 대변을 병행하여 오스트리아 노동자의 권익 보장이

이루어지고 있다는 장점을 덧붙였다.

"노동회의소는 노동조합 및 종업원평의회와 함께 민주적으로 구성된 주요 경제 블록을 형성한다. 노동회의소의 설립으로, 노동자 또한 제한 없이 동등한 사회적·인간적 권리를 보장받을 수 있게 되었으며, 이는 몇 세기 동안 노동조합의 부단한 노력으로 이루어진 결과이다."

기업과 자유직업에 의심할 나위 없이 적용되던 것들이 노동자의 권익을 대표하는 이들에게도 적용된다. 임의적인 권익 대변과 법정 권익 대변은 성공적으로 양립할 수 있으며, 이는 국가 및 경제계의 협상 파트너를 상대로 힘의 균형을 이룰 수 있게 한다. 오스트리아 연방노총과 노동회의소는 이를 분명히 증명했다. 특히 민간단체와 자치행정 기관의 차이는, [역할이] 중복되는 것이 아닌, [오히려] '강화 효과'가 나타날 수 있도록 했다.

오스트리아 연방노총과 소속 노동조합, 그리고 노동회의소는 서로 다른 법률적 기반을 갖는다. 이를 통하여 다양한 중점 과제를 담당하고 있으며, 노동자 권익 실현을 위한 여러 가지 수단을 사용할 수 있다. 바로 이런 점 때문에 두 노동자 대표 기관을 폐지하거나 두 기관을 하나로 통합하도록 끊임없이 요구하는 주장이 실제로는 '시장의 자유'를 위해 노동자의 권익을 실현시키는 동력을 약화시키려는 시도임이 명백하게 드러난다 할 것이다.

오스트리아 연방노총, 노동조합, 종업원 평의회와 직장평의회 간의 협력

페르디난드 하누쉬가 제1공화국에서 설명했던, 기업 내 권익 대변 기관, 노동조합 및 노동회의소 간 업무 분담은 현재까지 크게 달라지지 않았다.

오스트리아 연방노총과의 협력

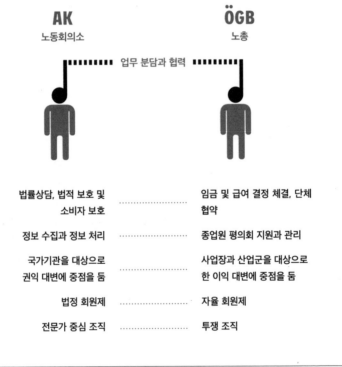

AK 노동회의소		**ÖGB** 노총
	업무 분담과 협력	
법률상담, 법적 보호 및 소비자 보호		임금 및 급여 결정 체결, 단체 협약
정보 수집과 정보 처리		종업원 평의회 지원과 관리
국가기관을 대상으로 권익 대변에 중점을 둠		사업장과 산업군을 대상으로 한 이익 대변에 중점을 둠
법정 회원제		자율 회원제
전문가 중심 조직		투쟁 조직

"종업원 평의회가 작업장 내 관계 구성에 영향을 미치며 노동조합이 특히 조합원의 직업적 관심사를 대변하는 반면, 노동회의소는 한발 더 나아가 생산과 소비를 담당하는 국민인 노동자와 사무 기술직의 모든 경제적 요구 사항을 대변한다. 그로 인해 회의소는 우선적으로 실질적인 현재의 업무에 따라 누구도 필요성과 실용성을 의심하지 않는 업무를 주로 처리한다."

자율회원제로 조직된 오스트리아 연방노총과 산하 노동조합은 오스트리아 노동자를 위한 투쟁 조직이다. 노동조합은 노동자 98% 이상의 단체협약 협상을 맡아 처리하고 있다.

임금정책, 노동시간 관련 사항 및 노동자를 위한 사회적 개선과 향상은 노동조합의 업무에 속한다. 노동회의소는 이를 위해 정보, 전문 지식 및 법률에 대한 의견을 제공한다.

종업원 평의회 회원, 종업원 평의회 및 직장평의회에 대한 관리는 오스트리아 연방노총과 산하 노동조합의 업무이다. 법적 자문 및 권리 보호는 상호 합의에 따라 두 조직의 모든 구성원에게 제공된다.

노동회의소는 오스트리아 노동조합운동의 일부이다. 노동회의소가 오스트리아 노동조합운동의 한 부분을 차지하므로, 노동회의소 선거에 노동조합원이 출마하고, 대의원으로 선발되어 노동회의소 총회에 참석하는 것은 당연한 일이다. 그 결과 노동회의소와 오스트리아 연방노총의 협력은 민주적 통제에 놓인다. 노동회의소, 오스트리아 연방노총과 노동조합이 분열되면 오스트리아 노동자들의 정치력이 소멸되는 것을 의미한다.

노동회의소, 노동조합과 종업원 평의회는 매우 밀접한 협력 관계를 유지하며, 이는 공동 행사뿐만 아니라 종업원 평의회 의원의 교육 및 연장(추가) 교육에서도 드러난다.

노동회의소의 종업원 평의회 회원 아카데미는 노동회의소와 오스트리아 연방노총의 다양한 (직업)교육 및 재교육 프로그램의 지원을 받으며, 종업원 평의회 소속 감독이사회 위원을 위한 교육 강좌 등 여러 특별 과정을 개설한다.

노동조합운동 간부를 위한 최상급 교육은 노동회의소에서 조직한 소셜 아카데미(SOZAK)에 의해 시행된다. 노동조합의 정책 역량 강화가, 이런 노동자 권익 대변 고등 교육기관의 주요 목적이다.

오스트리아 연방노총/노동조합, 종업원 평의회 회원 및 직장평의회 회원과 노동회의소 사이의 협력은 끝이 없다. 종업원 평의회 회원의 경험을 토대로, 노동회의소와 오스트리아 연방노총이 함께 성장하고 협력하는 모습은, 성공적으로 평가받는 오스트리아 모델이었으며, 미래를 위한 모델이기도 하다. 이 '세 단체'가 없었더라면, 누군가가 이들을 설립해야만 했을 것이다!

막강한 동반자 노동회의소

오스트리아 노동자 1백 명 가운데 98명은 단체협약으로 보호를 받는다

노동회의소는 경제 분석을 통해
단체협약 협상 시
노동조합을 지원한다.

사회 동반자 관계가 없었더라면
단체협약이 없었을 것이고, 임금 및 급여의
자동 인상과 성탄절 및 휴가를 위한 보너스
또한 없었을 것이다.

98%는
단체협약을
맺고 있다.

오스트리아 방식은
사회 동반자 관계 덕분에
세계적인 본보기가 되고 있다.

오스트리아는 현재
국제적인 비교에서 단체협약의
선두 주자이다. 어느 나라도
이보다 더 많은 보장을 받지 못한다.

단체협약은 당신의 소득과 권리, 사회보장을
보호한다. 그것이 해외에서 우리를 부러워하는
이유이다. 특히 격동기에 그렇다.

오스트리아 ||||||||||||||||||||||||||||||||||||||||||||||||| 98

독일 |||||||||||||||||||||||||||| 58

미국 |||||| 12

1.6
경제-사회적 동반자 관계

경제-사회적 동반자 관계(WIRTSCHAFTS-UND SOZIALPARTNERSCHAFT)

전쟁 후에 나타난 성공적 모델

자발적인 협력 → 상호 두터운 신뢰가 필요함

주요 사회집단 간 협의와 조정이 상호 갈등보다 정책 목표 달성이 용이함

공동 결정과 문제 해결을 위한 수단

핵심 내용: 소득정책

우익 포퓰리즘과 신자유주의의 위협

→ '내부의' 응집력은 내부와 외부에서 타협을 '지속'시키기 위한 능력과 의지에 달려 있음

　오스트리아는 주요 경제 이익 단체들 간의 협력과 이들 단체와 정부 사이의 협력이라는 독특한 구조를 갖추고 있다. 이는 제2차 세계대전 후 재건을 위한 중요한 원칙 중 하나였으며 이후 경제성장과 사회 평화를 위한 기반이 되었다.

　일반적으로 '사회적 동반자 관계'라고 부르는, 경제 및 사회적 동반자 관계 시스템은 자발성을 원칙으로 한다. 역사적으로 성장한, 관심사를 공유하는 단체들 사이의 상호작용은 법으로 규정된 것이 아니며, 비공식적이었다. 2008년 1월 1일 이후(연방헌법개정안

연방법률관보 제1권 2/2008) 성공적인 사회적 동반자 관계 모델은 연방 헌법에 명시되어 적절하고 가치 있는 위상을 갖게 되었다(연방헌법 제120a조 2항).

사회적 동반자 관계에서 주요 과제는 단체협약의 체결이다. 사 회적 동반자 간에 매년 480건의 단체협약 협상이 진행되고 있으며, 현재 오스트리아 노동자의 98%가 단체협약을 통해 보호받고 있다. 회의소의 법정 (의무) 회원제가 없었다면 효력을 지닌 일반 단체협 약은 존재하지 않았을 것이다.

사회적 동반자 관계 = 안전

사회적 평화는 가장 중요한 자산이다

- 사회적 동반자 관계는 사회적 균형을 보장한다.
- 사회적 동반자 관계가 없었더라면 단체협약이 없었을 것이며, 임금 및 급여의 자동 인상 도 없었을 것이다.
- 노동자에게는 매년 단체협약의 갱신으로 말미암아 이익이 발생하며, 고용주에게는 안정 적인 조건으로 인한 이익이 발생한다.
- 강력한 사회적 동반자 관계가 존재하는 국가의 경제 상황은 전체적으로 더 우수하다.
- 노동회의소를 공격하는 것은 사회적 동반자 관계를 위협하는 것이다.
- 사회적 동반자가 없다면, 우리에게 친숙하고 소중한 사회국가 또한 위태로울 것이다.

오스트리아의 특별한 점은, 사회적 동반자 관계가 경제정책과

사회정책의 거의 모든 분야에 걸쳐 있다는 것이다. 그리하여 오스트리아는 조합주의의 대표적 사례, 즉 포괄적이며 조율된 권익 대변의 대표적 사례로 여겨진다. 네 개의 주요 이익 단체로는 오스트리아 연방노총(ÖGB), 오스트리아 경제회의소(WKÖ), 연방노동회의소(BAK) 및 농업회의소(LK)가 있다. 이들은 단순히 단체협약 체결을 위한 파트너이자 개별 회원을 위한 권익 대변 기관에 그치지 않고, 다양한 방식으로 오스트리아의 정치 구조에 뿌리 내리고 있다.

― 이미 언급했듯이, 오스트리아 연방노총은 단체법 규정에 따라 조직되었으며 세 개의 회의소 조직은 법정 회원제를 바탕으로 하는 공법상의 자치행정 기관의 성격을 갖는다. 사회적 동반자 관계의 역할은 이 네 개의 대표적인, 큰 규모의 권익 대변 기구가 경제정책 및 사회정책의 장기적인 공동 목표를 정하고, 공개적인 갈등보다 주요 사회단체들 간의 대화와 협력, 조직적인 행동을 통해 목표를 달성할 수 있다는 신념을 공유하는 것이다.

― 그러나 사회적 동반자 관계가 상충하는 이해관계 자체를 부정하는 것은 아니다. 오히려 서로 다른 경제적·사회적 관심사 사이의 균형을 찾는 방법이라 할 것이다. 문제 해결을 위해 공동으로 노력함으로써 모든 당사자에게 유리한 방향을 찾을 수 있으며, 이는 협상에 마음이 열려 있을 때 가능할 것이다. 기관 간의 협력은 1957년부터 동등위원회를 설치하면서 실질적으로 이루어졌다. 이 위원회에는 정부의 고위직 대표자와 앞에서 언급한 4개의 이익 단체 대표가 참여했다.

– 동등위원회는 사회적 동반자와 정부 사이의, 유일하게 제도화된 대화 기구로서, 과거에는 물가 억제와 인플레이션 방지에 중점을 두었는데, 특히 중요한 사안에 대한 공동의 전략과 대책을 수립하고, 있을 수 있는 갈등과 경제·사회 관련 의제에 대한 위원회의 권고를 논의했다. 최근 몇 년 동안에는 정기적인 공동 회의나 (개별 단체의 사무총장이 사전 조율한) 사회적 동반자 대표의 공동 기자회견뿐만 아니라, 2006~2016년에는 (2006년 휴양지 바드 이쉴러에서 시작된 사회적 대화인) '바드 이쉴러 대화'(Bad-Ischler Dialog)를 통해 연방 정부 대표자와 사회 동반자 간의 공동 대화라는 성과를 달성하기도 했다. '바드 이쉴러 대화'에는 사회적 동반자 조직 내 젊은 세대의 대표자들도 참여했다. 사회적 동반자의 공동 입장 및 '바드 이쉴러 대화' 프로그램의 내용은 홈페이지(www.sozial-partner.at)에서 확인할 수 있다.

– 경제 및 사회문제 자문위원회(Beirat für Wirtschafts-und Sozialfragen)는 4개의 이익 단체 책임자의 요청이나 정부의 요구에 따라 경제정책 또는 사회정책적 의제에 대해 자문하는 기관이며, 기초연구 및 협의를 거친 사회 동반자 전체의 공동의, 그리고 만장일치의 권고가 이루어진다. 이런 연구에는 일반적으로 학문 및 실용적 분야를 포함한 모든 분야의 전문가를 포함한 연구팀이 투입된다. 이처럼 정치와 밀접한 관련이 있는 기관이 전문가의 지식을 이용함으로써 공동의 기본 입장 연구, 논란 없는 데이터와 사실의 제시, 경제정책 토론에 대한 객관화에 기여할 수 있게 된다. 더 나아가서 사회적 동반자는 오스트리아의 정치 구조에 다양한

방식으로 연관되어 있다.

- 입법: 사회적 동반자는 법률안을 검토하여 입법기관에 의견을 제시할 수 있고, (사회법 및 노동법 등) 주요 관심 분야의 법률안을 작성할 수 있다.

- 행정: 사회적 동반자는 견습직 관련 업무에 있어, 노동조건의 관리, 원산지 증명서 발급, 경쟁 정책 및 카르텔, 노동시장 정책, 소비자 정책 및 지원 기관 등과 같은 일에 있어 다양한 위원회 및 협의체에 참여한다.

- 사법: 사회적 동반자는 노동 법원 및 사회 법원에 명예 판사 또는 비직업 판사를 임용하도록 추천하며, 카르텔 관련 심리에 참여할 수 있다.

- 사회정책(사회보험)에 포함되는 사회적 동반자의 중요한 활동 분야는 연금보험, 의료보험 및 산재보험 관련 대변인의 파견이다. 이 보험자들은 공법상 자치행정 기구로 조직된다.

- 사회적 동반자 관계에 따른 임무에는 비공식 협상 및 문제 해결 권한이 포함되어 있으며, 이는 이익 단체가 충분한 지식을 갖추고 있는 분야일 경우 가능하다. 예컨대 이런 분야에는 노동법 및 사회법 분야가 포함되나, 사회적 동반자를 통해 합의가 이루어질 경우 정치적으로 객관적인 해결책을 미리 제공할 수 있는 상법이나 가족법 분야도 해당한다.

사회적 동반자의 협력 목표는 여러 협약서에 수록되어 있다. 협력과 관련된 현재의 내용은 1992년 11월 23일 사회적 동반자 협약

서에 따라 개정된 것이다.

본 합의서를 통해 사회적 동반자는 협력 목표를 실질적으로 확장했다. 이에 따라 사회적 동반자는 단지 과거처럼 실업을 방지하는 성공적인 구직, 안정적인 물가와 성장을 위해 노력하는 것에 그치지 않으며, 오스트리아 경제의 국제 경쟁력 제고, 특히 유럽 통합을 염두에 둔 국제 통합 참여, 오스트리아 경제의 글로벌화, 사람들의 재능 및 능력 향상을 위한 지원, 인간다운 작업환경의 유지와 개선, 환경 관련 요구 사항 실천을 위해 노력하기로 합의했다.

이익 단체의 적극적인 참여는 정책 결정에서 당사자들의 책임감을 높인다. 이익 단체들은 자신들이 회원뿐만 아니라 경제와 사회 전체에 미치는 영향을 자각하고 책임감을 느끼게 된다. 사회적 동반자들은 사회 안정을 통해 국제 경쟁에서 비교 우위를 확보할 수 있도록 하고, 상호 협력함으로써 경제주체들과 경제정책에 대한 기대를 높여 안정적인 경제 발전에 기여하고자 한다.

오스트리아의 사회적 동반자 관계가 갖는 독특함은 대화/협상 문화와 유관 단체의 참여일 것이다. 외적·내적 타협과 중기적인 공동 목표, 다양한 이해관계를 고려하며, 사회의 전반적인 관심사를 대변하는 것이 특징이다. 하지만 이를 위해서는 지속적인 대화와 끊임없는 정보교환이 필수적이다.

1945년 이후 오스트리아 사회적 동반자 관계의 발전 개관

1945 ··· 빈 상공회의소와 빈 노동회의소 사이에 발생한 긴급한 사회정책 문제 자문을
위한 공동위원회 설립

1945 ··· 최정상 단체인 연방경제회의소, 오스트리아 노동회의소 기관(연방노동회의소),
~1946 오스트리아 연방노총, 농업회의소의 대표이사회 설립

1947 ··· 제도화를 위한 첫 공동 상설 기관인 경제위원회 설립

1947 ··· 사회적 동반자의 첫 자율 협정인 다섯 건의 임금·물가 합의서를 통해 임금·물가
~1951 정책을 재정립, 연방 정부의 결정으로 이루어짐. 그 뒤로 오늘날까지 적정한 임
금정책을 보장하는 역할을 함.

1957 ··· 연방 총리 랍(Raab)과 오스트리아 연방노총 대표 뵘(Böhm)의 주도로 임금-물
가정책 동등위원회 설립, 가격 분과위원회 설립

1958 ··· 카르텔 관련 사항을 위한 동등위원회 설립

1960 ··· 동등위원회 안정 합의서, 탄력적인 임금과 물가 동결의 초석이 다져짐.

1961 ··· 동등위원회의 랍(Raab)-올라(Olah) 합의서: 임금 문제 관련 의제를 위한 분과
위원회 설립, 절차 수립, '외국인 노동자의 할당' 조건

1963 ··· 동등위원회 내에 경제 및 사회 관련 문제를 위한 위원회 설립

1967 ··· 경제정책 협의체 도입[오스트리아 국립은행(OeNB), 경제 조사를 위한 오스트리아 기
~1968 관(WIFO)], 연방 장관 코렌(Koren)이 기관위원회를 설립[OeNB와 연방재정부(BMF)
참여]

1972 ··· 임금과 물가 안정을 통해 인플레이션을 방지하기 위한 벤야(Benya)-살링거
(Sallinger) 안정 합의서 작성

1987 ··· 유럽 통합을 위한 실무 그룹 참여, 통합 정책 관련 오스트리아의 공동 입장 표
명을 위한 위원회

1989 ··· '오스트리아와 유럽 통합'에 대한 공동 입장문 발표

1990 ···→ 연금보험 개혁을 위한 공동 구상

1991 ···→ '오스트리아와 유럽 경제 구역'에 대한 공동 입장문 발표

1992 ···→ 동등위원회 재조직. 물가분과위원회는 경쟁·가격 분과위원회가 되었음. 경제
및 사회문제 위원회에 국제 현안을 다루기 위한 분과위원회 설립(1992년 11월
23일 경제회의소·노동회의소·노총·농업회의소 대표들 간의 사회적 동반자 합의서)

1994 ···→ 오스트리아 사회민주당(SPÖ)과 오스트리아 국민당(ÖVP) 사이의 유럽 협약
(Europaabkommen): 오스트리아 결정의 준비와 유럽연합 차원의 결정 과정
에 사회적 동반자의 동등한 참여. 또한 [유럽연합 본부가 있는] 브뤼셀의 오스트
리아 대표부와 협력, 자체 연방법에 따른 후속 규정 제정

1995년 ···→ 사회적 동반자의 오스트리아 단체 대표가 유럽연합 내 단체의 대표 역할 수행
이후   및 이를 통한 유럽 차원의 사회 동반자 간 대화에 참여. 출산휴가, 시간제 노동
및 기간제 노동계약 관련하여 유럽 사회 동반자 공동 입장 지지, 거시 경제적
대화에 참여, 성장과 노동을 위한 3자 사회 정상회담, 유럽 경제·사회 위원회
의원 지명

2003 ···→ 사회적 동반자가 제안한 '개편' 실행

2006년 ···→ 바드 이쉴러에서의 사회적 동반자 간 대화, 사회적 동반자의 노동프로그램 주
이후   제: 교육 기회. 위기 극복을 위한 '사회적 유럽': 성장, 노동, 통합, 인구 통계학
적 발전이 노동시장에 미치는 영향, 사회구조, 유럽의 미래, 청소년을 위한 전
망

2007 ···→ 프리랜서를 위한 사회보험, 2010년 미래의 노동시장: 청소년 고용 패키지, 유
럽연합 신규 가입 국가를 대상으로 한 단계적 노동시장 개방, 젊은 국민을 위한
교육 보장

2008 ···→ 사회적 동반자 관계의 성공적 모델이 연방헌법에 적절하고 가치 있게 규정됨(연
방 헌법 제120a조 제2항 『연방법률관보』 제1권 2/2008)

2008 ···→ '개편'을 통해 자영인을 위한 사회보장, 일을 시작하기 전 사회보장 기관 등록,
집중 근로, 선택 근로, 단시간 근로 등 여러 가지 근무시간 유형을 포함하는 계
약인 노동시간 패키지를 통한 유연한 노동시간 조직

2009 ⋯ 주당 40시간 노동 기준 최저임금 1천 유로, 곧 최저임금 1천3백 유로로 인상 예정, 위기 극복을 위한 조업 단축 노동 모델, 자영인을 위한 실업보험

2010 ⋯ 학교 행정개혁 구상

2011 ⋯ 연방 정부가 참여한 제2차 교육 대표자 회의, 연금 연령 상향 조정 종합 대책, 새로운 견습생 지원, 홍백홍 카드(외국인을 위한 취업 허가 제도)

2012 ⋯ 추후 교육 정상회담: 경제 및 사회 문제 위원회가 현재까지 85건의 연구 완성, 최근 주제는 이민·통합 문제

2013 ⋯ 2013년 교육 기반 조성, 2013년 2월 27일 미래지향 교육개혁을 위한 목표 및 대책 수립

2014 ⋯ '전환 설계': 유럽 경제·사회 위원회와 함께 경제 및 사회 문제 위원회 설립 50주년 기념 간담회를 3월 31일부터 4월 1일까지 빈에서 개최. 바드 이쉴러 대화. "오스트리아와 유럽을 위한 경제·고용성장", 10월 13일부터 14일까지 개최

2015 ⋯ 바드-이쉴러 대화 2015: "디지털 경제와 노동 세계: 기회, 도전, 방향전환", 10월 5일부터 6일까지 개최

2016 ⋯ 바드-이쉴러 대화 2016: "이민과 통합", 9월 29일부터 30일까지 개최

2017 ⋯ 사회적 동반자는 회의소의 의무 회원제 지속을 요구함. 최저임금 협의: 2017년 6월 사회적 동반자는 2020년까지 전체적으로 모든 단체협약에서 최저임금 1천5백 유로를 보장한다는 기본 협약을 체결. 사회적 동반자 대표는 2017년 8월 30일 알프바흐 유럽 포럼에서의 경제 담화를 통해 [경제적] 투자 활성화 대안을 소개함. WIFO와 사회 동반자 사이의 설문 및 담화: "투자·성장과 고용을 위한 원동력." 경제와 사회 관련 문제를 위한 위원회의 연구: "디지털화-숙련." 경제와 사회 관련 문제를 위한 위원회의 연구: "2000~2015 노동비용과 인건비 지출의 변화 및 구조"

2018 ⋯ 사회적 동반자 단체 대표 교체. 새로운 대표자 선출: 연방노동회의소 레나테 안데를, 연방노총 볼프강 카치안(Wolfgang Katzian), 연방경제회의소 하랄드 마러(Harald Mahrer), 연방농업회의소 요세프 무스브루거(Josef Moosbrugger)

2

노동회의소 조직
및 업무

2.1
노동회의소의 조직 및 재정

노동회의소 회비: 적은 금액, 큰 효과
노동회의소의 평균 회비: 약 7유로

- 중간 수준에 해당하는 임금을 받을 경우 노동회의소 회비는 매달 약 7유로 정도임.
- 이 금액은 한 시간의 변호사 상담료보다 훨씬 저렴함.
- 80만 명 이상의 회원은 회비 납부가 면제됨
  — 예: 육아휴직 중인 부모, 구직자, 사회보험 권리 보장 금액 이하의 급여를 받는 노동자, 견습생. 그러나 이들도 노동회의소의 모든 서비스를 받을 수 있음.
- 회비를 가장 많이 낼 경우 세후 매달 약 15유로로 정도.
- 노동회의소는 회원과 친밀한 관계를 유지: 전국에 약 90개 상담 센터 및 95개 교육기관을 보유. 노동회의소와 연방노총 산하 직업지원교육원(bfi) 외에도 노동회의소의 교육센터 및 도서관이 있으며, 사회적 동반자 관계를 통해 제공되는 많은 시설들이 지원 네트워크를 형성하고 있음.

　노동회의소는 '공법상의 기관'이며, 이런 '공법상 기관'의 특징으로는 법정 회원제와 자치를 들 수 있다. 오스트리아 법률은 '지역 자치와 기타 자치'를 구분한다.

　'지역 자치'가 특정 지역을 대상으로 한다면(연방, 주, 기초 자치단체

등), '기타 자치'에는 회의소와 사회보험 단체가 포함된다.

노동회의소의 다양한 업무는 안정적인 재정 기반 없이 수행될 수 없으며, 따라서 노동회의소 회비가 부과된다.

모든 노동자(견습생, 무직자, 육아휴직 중인 부모, 급여가 사회보험 권리 보장 금액 이하인 사람은 제외)는 총 급여의 0.5%에 해당하는 금액을 회비로 납부한다.

만약 급여가 사회보험에 따른 보장 금액보다 높을 경우 법정 의료보험료 산정 한도까지 납부해야 할 수도 있다. 회비 납부 대상 노동자의 평균 부담액은 월 7유로 정도이나 최고 15유로를 넘지 않는다. 저렴한 법정 보호 보험의 경우, 평균 급여를 받는 노동자의 노동회의소 회비보다 높은 금액을 납부해야 하지만 법률 보호만 제공하며, 권익 대변, 소비자 보호 및 기타 서비스는 제공하지 않는다. 변호사 사무실에서 한 시간 상담받을 경우 노동회의소 1년 치 분담금보다 높은 액수가 청구되기도 한다.

노동회의소는 2017년 회원 회비로 약 4억5,100만 유로를 수납했다. 반면 5억7백만 유로가 파산한 회원에 대한 지원(파산법), 직장에서의 문제 해결, 연금 관련 문제(사회법) 해결, 세금 관련 문제와 소비자 보호 등을 위해 지출되었다. 이처럼 전체 노동회의소의 1년 예산 총액은 오스트리아 연방경제회의소나 개별 주에 위치한 경제회의소에 배정되는 예산의 절반에도 미치지 못한다.

회원의 회비를 통해 운영되는 회의소의 자치 재정은, 회원들이 민주적 선거 절차를 통해 직접 선출한다는 자치 조직의 원칙과 함께, 회원의 사회적 권익을 보장하는 근간이 된다. 따라서 재정 자원을 제한하는 모든 종류의 조치는 노동회의소의 독립성을 위협하고, 임무 수행을 어렵게 하며, 기업을 대변하는 기관이나 국가를 상대로 노동자의 권익을 대변하는 역할 역시 하기 어려워질 것이다.

노동자 회비의 효율적인 사용

노동회의소의 재정 관리에 있어 원칙은 경제성, 절약성, 목적성이다. 재정 운영 원칙은 연방 전체에 일관되게 적용되며, 연방노동회의소 대의원회에서 결의한 재정 기본 계획과 총회에서 의결한 재정계획을 바탕으로 이루어진다. 재정 기본 계획은 사회부의 승인이 필요하며, 재정계획은 연방노동회의소가 승인한다.

2·2

노동회의소의 회원

노동회의소 회원의 자격

기본적으로 모든 노동자는 노동회의소 회원 자격이 있으며, 여기에는 프리랜서와 실업자도
포함된다.

주요 예외 대상:

- 국가 공무원
- 농업 및 임업 종사자
- 실업 급여를 받지 않는 실업자
- 경영진

노동회의소에는 원칙적으로 노동회의소 회원인 모든 노동자가
포함된다(노동회의소법 제10조 제1항).

더 나아가 약 80만3천 명에 달하는 노동회의소 회원은 분담금이
면제되어도 노동회의소의 서비스를 받을 권리를 가진다.

　　― 노동자가 되기 위해 교육과정을 받고 있는 견습생은 노동회의소
　　　에 속한다.

　　― 만약 주로 오스트리아에서 노동이 이루어지며, 오스트리아 사회

보장 보험에 가입되어 있다면, 일정 기간 동안만 해외에서 일하는 노동자 또한 노동회의소에 속한다. 하지만 사안별로 검토가 필요하다.

— 출산·육아 등 장기 휴가 중인 노동자 또한 휴가 동안 고용 관계가 지속되고 있을 경우 계속 노동회의소 소속이며, 고용 관계가 종료된다 해도 실업자와 같은 조건이라면 노동회의소 회원으로 남을 수 있다.

— 1992년 이후 실업자도 노동회의소 소속이다. 단, 실직되기 전까지 20주 동안 실업보험에 가입되어 있었으며, 노동회의소 회원이었고, 52주 또는 그 이상 실업보험 급여를 받은 경우에 해당한다.

— 1992년부터 노동회의소는 은퇴 전에 노동회의소에 회원이었던 연금 생활자의 권익을 대변하고 있다. 이는 더 이상 노동회의소 회원이 아닌 실업자의 경우도 해당된다. 이 회원의 경우 노동회의소 선거 투표권은 없으나 다양한 서비스를 제공받으며, 그들의 권익도 대변된다.

— 노동회의소 회원 자격 관련 분쟁 시에 당사자의 신청이나 노동회의소의 직권에 의해 사회부 결정에 따른다.

노동회의소에 가입할 수 없는 사람(노동회의소법 제10조 제2항)
— 지방정부 또는 산하 기관에서 인사 관련 업무를 맡거나, 법률 집행을 담당하거나, 유사 업무를 담당하는 근무지의 노동자 및 교육기관, 기록 보관소, 도서관, 박물관, 학술 기관 등에서 일하는 노동자

- 지자체의 농업 및 임업에 종사하는 노동자
- 법적으로 법인인 사업체의 사무국장 및 임원, 법인과 법적 형식이 다른 기업일지라도, 이 기업의 경영에 장기간 상당한 영향을 미치는 직원
- 의사, 변호사 및 변리사 후보, 공증 변호사가 되기 위한 과정을 밟는 사람, 예비 신탁 전문가 및 공적 또는 기관 내 약국에서 일하는 제약 분야 노동자
- 교회 및 종교단체의 성직자와 교단에 속한 사람, 법률상 의료보험의 의무가 존재하는 노동관계가 아닐 경우 노동회의소에 소속될 수 없다.
- 농업 및 임업 관련 노동자 및 사무 기술직(농업노동자회의소가 없는 주州인 빈과 부르겐란트 제외)
- 사업장, 기관 및 기금에 고용되어 있지 않는, 공공 기관 노동자와 농업과 임업에 속한 단체협약 체결이 가능한 직업단체의 노동자

지역별 소속(노동자의 소속 주 회의소에 따른 구별)은 근무 장소에 따라 결정되며 실업자의 경우에는 실업자가 주로 거주하는 장소에 따라 결정된다.

2.3
법정 회원제

법정 회원제/의무 회원제

법정 회원제가 없다면 노동회의소도 없다.

- 의무 회원제가 없다면 회의소와, 오스트리아의 사회 평화의 기반인 사회적 동반자 제도
  도 없을 것이다.
- 경제회의소의 의무 회원제가 없다면 단체협약을 보장할 수 없다.
- 모든 노동자에게 연대감을 주는 회원제는 노동회의소 활동의 재정을 책임지며, 특히 직
  장에서 문제를 겪고 있는 이들에게 법적 보호를 제공한다.
- 노동자에게 연대감을 주는 회원제를 통하여 노동회의소는 각 집단 사이의 권익 조율을
  꾀하며 모두에게 공정한 기회를 제공한다.
- 정치적·재정적 독립을 부여하며 정치적 힘을 실어 주고, 무임 승차자를 방지한다.

노동자의 법적 권익을 대변하는 역할은 오스트리아의 민주주의
체계에서 매우 중요한 부분이다. 노동회의소는 공법적 기관으로서
자치단체이다. 2008년 1월 1일부터 연방 헌법에, 지역에 구속되지
않는 자치의 원칙이 규정되어 있다. 법정 회원제는 (예를 들어 노동조
합과 같은 자발적 회원제와는 다르게) 자치행정의 필수적인 요소다.

"자치단체는 자발적 회원제에 기반을 둔 기관이 수행할 수 없는 업무를 수행한다. 만약 의무 회원제가 사라진다면 이런 자치 구조 또한 사라질 것이다."

— 전 헌법재판소장, 대학교수 카를 코리넥(Karl Korinek)

회의소의 '의무 회원제'를 폐지하거나 경제적 부담(노동회의소 회비)의 축소 또는 폐지는 이 기관의 법적 권익 대변 기능의 상실로 이어지게 될 것이다.

법적 소속이 없다면 회의소도 없다. 이렇게 되면 회의소가 맡은 공공 업무를 국가가 맡아서 해야 한다는 것을 의미하며, 그 결과 국가의 규제 강화, 관료주의 및 시민과의 유리 등과 같은 결과를 낳게 될 것이다. 더 나아가 국가의 업무가 증가함에 따라 여러 업무를 정상적으로 처리할 수 없게 되고, 사회보장의 수준이 하락할 것이다.

의무 회원제는 행정절차의 감소, 시민들과 거리 좁히기, 지방 분권화와 효과적인 업무 수행을 의미한다. 모든 노동자를 포괄하는 노동회의소 의무 회원제는 노동조합의 힘이 약한 부문의 노동자를 지원하며, 교육 수준과 임금이 낮고, 직업 교육을 충분히 받지 못한 사람, 사회적 지위가 낮은 사람을 지원함으로써 전체적인 국가정책의 방향을 결정하는 데 참여할 수 있도록 한다.

노동회의소의 의무 회원제는 오스트리아 사회의 취약 계층에게도 진정한 연대감을 부여하고 소수집단을 보호한다.

법정 회원 제도는 의무를 지키지 않는 이에게 혜택을 배제하는 역할을 한다. 노동회의소의 과업 중 대부분은 '공공재'와 관련이 있다(예: 법률 검토, 소비자 보호, 사회 동반자 관계 참여 등). 공공재라는 것은, 서비스 제공을 위해 재정적인 기여를 했느냐와 상관없이 모든 사람이 이용할 수 있다는 것을 의미한다('무임승차').

노동회의소의 의무 회원제는 아무런 대가를 지불하지 않고 이익을 얻는 이가 노동조합운동의 성과에 '무임승차'하는 것을 방지한다. 단체협약 협상을 통해 노동조합들이 이룩한 성과, 입법 과정에서 노동자의 권익을 성공적으로 대변해 낸 성과 등은 조합원인지의 여부와 상관없이 모든 노동자에게 적용된다. 이런 성과가 노동조합 조합원들의 자발적인 분담금으로만 이루어져야 할까? 그렇지 않다. 오히려 모두가 (노동회의소 회비를 통해) 자신의 권익이 효과적으로 대변될 수 있도록 일정 금액을 지불해야 한다.

- 모든 노동자는 노동회의소의 의무 회원제를 통해 자신의 권익을 효과적으로 대변할 수 있다. 노동회의소는 회원들의 상이한 권익을 내부적으로 조율할 의무가 있다. 오직 모든 노동자가 노동회의소의 회원일 경우에만 전체의 권익이 대변될 수 있으며, 이는 법정 회원제를 통해 이루어진다. 또한 효과적 실천이 어려운 노동자의 권익도 대변될 수 있다. 그에 반해 자발적 회원제는 재정적으로 여유가 있는 회원이 취약한 개인이나 집단을 퇴출시킬 수 있다.
- 의무 회원제를 시행하는 조직만이 경제 상황과 상관없이 회원에게 다양한 서비스를 제공하고 이를 확대할 수 있다. 서비스(노동법 및 사회법 보호에서부터 교육 바우처 및 소비자 상담까지) 제공 기준은

등록된 회원이 아니라 회원의 필요에 따라 민주적인 절차를 거쳐 결정된다. 그 결과 소외 집단이나 혜택을 받지 못했던 회원에게도 지원이 제공될 수 있다.

— 의무 회원제는 모든 회원에게 직접적·간접적 혜택을 보장한다. 회원은 자신이 노동회의소에 납부한 회비보다 많은 보상을 받는다. 2017년 노동회의소는 오스트리아 전국의 회원에게 5억7백만 유로의 가치에 해당하는 이익을 제공했는데, 이는 그해의 회비 총액을 크게 상회하는 액수였다.

— 의무 회원제는 자본가의 물량 공세를 상대할 힘을 제공하며 사회적 공정성을 부여한다. 오스트리아의 노동자 370만 명은 63만 4천 명의 사용주를 상대해야 한다.

— 회의소가 없는 사회적 동반자 관계는 불가능하다. 오직 의무 회원제를 바탕으로 하고, 민주적으로 구성된 조직만이 이해관계의 내부 조정이 가능하며, 상충되는 이해관계의 균형을 적절하게 유지함으로써 국가와 사회 전체의 안정을 위한 미래 지향적 타협을 이끌어 낼 수 있다. 이는 사회적 평화와 모두의 행복을 위해 매우 중요하다.

— 의무 회원제는 모든 시민의 권익을 고려하여 예측 가능성, 사회 평화와 장기적이고 미래지향적인 방향을 제시한다. 회의소의 의무 회원제는 가격정책 협의의 한계를 넘어서 사회적 동반자가 우리 사회의 평화를 위해 힘쓸 수 있도록 한다. 의무 회원제가 없다면 오스트리아의 사회적 동반자 관계 또한 존재할 수 없다.

— 의무 회원제는 예측 가능한 정책을 보장하고 공동체를 중시하게

한다. 또한 노동자를 위해 장기적인 계획을 세울 수 있으며, 정당의 단기적 성공에 영향을 받지 않고, 조합원 확보에 집중하는 자발적 회원제 기관과도 다른 방향을 택할 수 있다. 지속적인 경제적·공동체적 발전이 가능하면 노동자의 권익 대변 또한 가능하므로, 노동자를 위한 노동회의소의 정책은 공공복리에도 집중한다. 그 결과 노동회의소는 자신의 과제를 수행함으로써 우리나라의 사회적 평화에도 크게 이바지하는 것이다.

빈 노동회의소 의회(2014년 선출)

선거 참여율(38.58%) → 그룹별 후보자 투표 → 노동회의소-총회 구성

의장 + **4명의 부의장**(투표를 통한 선출 및 해임)
이사회(19명)

- 정치적 원칙
- 예산/결산
- 판매/투자 (총예산의 10% 이상)
- 업무 규정
- 예산관리 규정
- 법적 보호 규정
- 감독위원회
- 청원위원회

AUGE/UG 8%
기타 14%
FA 9%
FCG 10%
FSG 59%

239

2.4
총회

총회는 각 연방 주의 노동자 의회를 가리킨다. 총회는 노동자 이해 대변 정책의 기본 원칙과 노동회의소의 활동 및 업무의 원칙을 총괄하며, 무엇보다 예산 관련 안건 및 노동회의소의 사업 규정에 대한 결정을 내린다.

총회에 (참가하는) 각 회의소에서 선출된 대의원의 수는 다음과 같다.
- 부르겐란트 50명
- 케른텐(Kärnten), 잘츠부르크(Salzburg), 티롤(Tirol)과 포어아를베르크(Vorarlberg)에서 각 70명
- 니더외스터라이히(Niederösterreich), 오버외스터라이히(Oberösterreich)와 슈타이어마르크(Steiermark)에서 각 110명
- 빈 180명

총회는 일반적으로 1년에 두 번 개최된다. 3분의 1 이상의 대의원이 요구할 경우 특별 총회가 개최될 수 있다. 총회는 단순 다수결 원칙에 따라 대의원 중에서 의장을 선발한다. 이런 절차를 통해 독립적 기관인 사무총국이 탄생한다. 또한 대의원 중에서 부의장을

선발한 후 노동회의소 이사회 위원들을 선출한다. 의장과 부의장 역시 노동회의소 집행이사회에 속한다.

의장과 부의장을 제외한 집행이사회의 수
- 빈 19명
- 니더외스터라이히, 오버외스터라이히와 슈타이어마르크에서 각 15명
- 케른텐, 잘츠부르크, 티롤과 포어아를베르크에서 각 11명
- 부르겐란트 9명

총회는 대의원 중에서 감독위원회 소속 의원을 선출한다. 이때 위원회의 장이 총회 의장의 소속 정당에 속해서는 안 된다. 1992년의 노동회의소법에 따라 총회는, 총회에서 선출된 기관이나 대의원을 해임시킬 권한이 있다. 이때 총회 성원 4분의 1 이상이 요구할 경우 비밀투표로 진행한다.

2·5

자치행정 업무

자치행정 업무

- 회장: 빈 노동자를 위한 최고 지위의 정치적 대표자
- 이사회: 거의 모든 정책 결정, 예산을 감안해 조직적 및 재정적 결정을 내림
- 위원회: 정치적 입장 표명, 법률 검토
- 총회: 정치적 기본 원칙 제정, 예산 초안 작성과 예산 사용 내역 검토, 회장과 이사회 위원 선출, 그리고 감사위원회와 청원위원회 선출

• 회장

회장은 노동회의소의 법적 대표자이다. 노동회의소법은 회장에게, 법률, 사업 규정에 의해 다른 기관에 부여되지 않는 (기타) 모든 사안의 결정 권한을 부여한다.

의장의 결정 권한은 노동회의소와 관련된 결정을 신속하게 내릴 수 있도록 보장한다. 의장은 다른 기관(특히 총회와 이사회)에 보고 및 설명의 의무가 있다.

• 집행부

회장과 부회장으로 구성된 집행부는 먼저 이사회의 결정 초안을

준비하며, 특별히 시급한 안건을 처리한다.

• 이사회

이사회는 총회를 준비하며, 연방노동회의소 총회에 대의원을 파견한다. 또한 위원회와 전문위원회를 소집해 중요한 재정적 안건을 결정하며, 사무국장이나 모든 대리인의 임명 및 해임 관련 결정을 내린다. 무엇보다 법률 조항 및 법률 규정 초안에 대한 입장 표명에 대한 결정도 그의 권한에 속한다.

이사회는 총회에서 모든 주요 안건을 결정한다. 의장뿐만 아니라 집행부와 사무국장 또한 이사회에 보고할 의무가 있다. 이사회는 법률 조항 및 시행령 규정 초안 검토 평가에 대한 결의를 위원회에 일임할 수 있으며, 언제든 이 권한을 다시 넘겨받을 수 있다.

빈 노동회의소 위원회 구성

위원회	
집행부	
이사회	
총회	
위원회	노동회의소법 제54조에 따른 이사회 소속 위원회
• 감독위원회 • 감독-분과위원회 • 청원위원회	• 건설 및 투자를 위한 위원회 • '빈 노동회의소에 의한, 학생과 대학생의 교육 및 재교육 재정 지원 규정' 시행을 위한 위원회

• 위원회

이사회는 위원회 의원 가운데 일부를 선발해, 협상 준비 및 보고서를 담당하는 위원회를 별도로 설립할 수 있다. 이사회는 이 위원회에 특정 안건에 대한 자율적 결정권을 부여할 수 있으며, 특히 입장 표명과 법률 조항 및 시행령 초안 평가에 대한 결정이 이런 안건에 속한다. 이사회의 이사뿐만 아니라 회의소의 다른 대의원도 이 위원회의 구성원이 될 수 있다는 것이 위원회와 이사회 산하 위원회의 차이다. 그럼에도 불구하고 이사회는 이 위원회에 자율적 결정 권한을 부여할 수 있으며, 특히 법률 조항 및 시행령 초안에 대한 결정문 작성을 맡기는 경우를 흔히 볼 수 있다. 이런 절차는 대부분의 노동회의소에서 이루어진다.

빈 노동회의소 위원회 구성

노동회의소법 제57조에 따른 대의원회 산하 위원회

1. 일반적인 사회·통합 정책, 노동법과 법률 정책	9. 청소년 보호 및 견습생 관리
2. 공공서비스 관련 안건	10. 자치단체 정책과 지방 정책
3. 안전, 건강과 노동	11. 소비자 보호와 소비자 정책
4. 노동시장 안건과 통합	12. 법적 보호 및 법률 상담
5. 유럽연합과 국제적 안건	13. 사회보험과 건강 정책
6. 교육과 문화	14. 환경과 에너지
7. 재무 정책	15. 교통과 관광산업
8. 여성 정책과 가족 정책	16. 경제정책

이런 관례가 존재하는 이유는, 대부분의 법률 조항 및 시행령 초안을 반드시 이사회에서 검토할 필요가 없고, 시간이 많이 걸리며, 의장 혼자 모든 안건에 단독 결정권을 행사하지 못하게 하기 위해서이다. 그러나 이사회는 상시 단독 법률 조항이나 시행령 초안을 검토할 수 있다.

모든 노동회의소에는 일반적으로 이사회 산하 위원회들이 있으며, 이런 위원회들은 예컨대 사회정책, 재무 정책, 노동법, 청소년 보호, 사회보험, 교육과 여성 노동 같은 분야를 담당한다. 회의소 평의회 위원들은 노동회의소 사무국 소속 전문가의 지원을 받아 업무를 처리한다.

• **전문위원회**(빈 노동회의소의 사례)

전문위원회는 특정 직업군에 속한 노동자의 전문적 관심사 및 직업적 관심사를 안건으로 삼는다. 이사회는 어떤 직업군을 위한 위원회를 설립할지를 정하여 회원을 임명한다. 평의회 위원으로 임명되지 않은 노동회의소 소속의, 혹은 은퇴한 예전 노동회의소 소속인 사람도 회원이 될 수 있다.

현재 노동 세계는 지속적인 변화를 겪고 있다. 새로운 기술을 습득하기 위해서는 더 높은 교육 수준이 필요하며, 노동자는 더 유연한 사고를 가져야 한다. 그러기 위해 노동자들로서는 전문적 능력뿐만 아니라 노동자의 권리 및 의무에 대해 정보를 얻는 것이 그 어느 시대보다 중요하다. 이런 상황에서 빈 노동회의소의 전문위원회는 다양한 업무를 담당한다.

- 특히 견습생을 배려, 빈 노동자들의 전문적 관심사 및 직업적 권익을 대변.
- 견습생들에게 직업교육 및 추가(연장) 교육을 제공하기 위해 노동조합 및 직업학교와 협력함으로써 견습생들의 취업 기회를 확대함.
- 강좌, 교육, 맞춤 프로그램을 통해 노동자들의 노동시장 진입을 지원.

• 감독위원회

감독위원회는 노동회의소가 모든 법률 규정, 사업 규정, 정관, (집행부, 이사회, 사무국 등) 노동회의소 기관의 결정을 준수했는지를 검사한다.

• 노동회의소 사무국의 업무

노동회의소 사무국은 이사회에서 임명한 사무국장의 지휘 아래 필요한 전문적 업무와 행정적 업무를 처리한다.

• 노동회의소 사무국의 주요 업무
- 노동회의소 기관의 결정을 위한 준비 작업 및 집행
- 노동회의소 기관 및 노동회의소에 속한 노동자를 대상으로 한 전문 상담과 지원
- 노동회의소에 속한 노동자의 권익을 대변하기 위한 기초 작업
- 노동회의소 소속 단체를 위한 행정관리

노동회의소 사무국에는 훌륭한 전문가들이 일하고 있다. 이들의 전문 분야는 단순히 노동자의 권익을 대변하는 것을 넘어서는데 경제 전문가, 법률가, 사회과학자, 기술자, 환경 전문가, 교육 전문가 및 문화 전문가 등이 있다.

• 외부 (관리) 감독과 내부 법 규정, 연방사회부의 감독권

연방사회부는 노동회의소와 연방노동회의소의 업무를 감독할 수 있다. (노동회의소와 연방노동회의소가) 법률을 준수하고 있는지 여부 및 노동회의소법의 시행 규정준수 여부가 감독의 대상이 된다.

연방사회부 장관은 감독권 행사를 통해, 노동회의소와 연방노동회의소가 불법적인 결정을 내렸을 경우 이를 바로잡고, 연간 계획 및 예산 사용 내역과 연방노동회의소 총회에서 결정한 규정을 승인한다(기본 사업 규정, 기본 예산 사용 규정, 법적 보호 기본 규정, 관리비 관련 규정). 또한 연방사회부는 (노동회의소가) 업무를 수행하는 데 문제가 있거나 월권을 행사할 경우 총회를 해산할 수 있다.

• 감사(회계 감사)

모든 노동회의소의 이사회는 선서를 하고 임명된 회계 감사인에게 사용 내역 감사를 의뢰한다. 회계 감사인은 감사 결과를 이사회, 감사위원회와 총회에 서면으로 보고하며, 예산 사용 내역과 감사 결과가 일치하는가를 승인하거나, 일부만 승인 또는 승인을 거부할 수 있다.

- **감사원을 통한 감사**

1994년 연방헌법 개정에 따라 노동회의소를 포함한 모든 회의소는 1997년 1월 1일부터 감사원의 감사를 받게 되었다. 이를 위한 법률적 기준은 〈감사법 개정안 1996〉이다. 노동회의소는 감사원 감사가 헌법이 보장한 직업별 자치 행정에 위배된다고 생각하지만, 다른 한편 노동회의소 측도 원하는 투명한 재무 현황을 위한 것이라고 본다. 자치행정의 (노동자 권익 보호를 위한) 이익 정치적 독립성은 감사원의 감사에도 불구하고 유효하다는 점이 주목되어야만 한다.

- **관리비 관련 규정**

회의소 평의회 의원의 직책은 명예직이다. 평의회 의원은 임무 수행 중에 발생한 경비만을 지원받을 수 있다. 노동회의소 업무 수행에 대한 대가는 관리비나 발생 경비에 포함되지 않으며 따로 지급되지 않는다.

회장, 부회장을 포함한 이사회 임원, 감사위원회 위원장과 개별 위원회 위원장의 경우, 수당은 총회에서 규정된다. 총회는 비용 제한 법률이 정한 한도를 감안하여 관리비를 정한다. 관리비 관련 규정은 감독 관청의 승인을 필요로 하며, 관리자의 급여는 노동회의소 직원의 급여 규정에 따라 책정된다.

각 노동회의소의 회장과 사무처장의 보수는 노동회의소의 관련 홈페이지에 공개된다. 자치 행정을 위한 총지출액은 어떤 노동회의소에서도 전체 비용의 2%를 넘지 않는다. 빈 노동회의소의 경우,

대의원에 대한 실비 보상과 급여 등을 합해 총 비용의 0.5%에 해당한다 이는 다른 노동회의소에서도 유사하다.

2017년부터 노동회의소 전문가들은 오스트리아 전역에 걸쳐 2백만 건의 상담을 진행했다. 그중에 134만 건이 노동, 사회 및 파산법 관련 안건이었다. 소비자 보호 관련 수요도 많아서 상담 건수가 38만 9천 건 이상에 달했다. 노동회의소의 세금 전문가는 2017년도에 약 21만1천 명의 노동자를 상담했으며, 어떻게 하면 세무서에서 세금을 환급받을 수 있는지 정보를 제공했다. 더 나아가서 노동회의소는 교육 분야 등 다양한 분야와 관련해 상담을 제공한다.

여러 주제를 아우르는 다양한 책자, 회원 카드, 상담 실적, 교육 지원, 세금 절약 일수, 직업 지원교육원(bfi) 및 소비자보호연합(VKI) 지원, 주마다 다른 다양한 서비스 외에도 오스트리아 전역에서 중심 매체의 역할을 하는 노동회의소의 인터넷 활동이 있다(노동회의소 포털, AK Portal).

2·6
노동회의소의 서비스 제공

노동회의소의 실적

2017년도 자료 기준

- 노동회의소는 회원이 낸 회비 이상의 가치를 회원들에게 돌려주었다.

2억2,900만 유로 사회 복지, 7천7백만 유로 노동법 부문, 4천1백만 유로 세법,

5백만 유로 교육 바우처, 1억4,300만 유로 파산, 1천2백만 유로 소비자보호

4억5,100만
유로의 회원 회비

5억7백만 유로를
회원을 위해 확보함

370만 회원의 권익을
날마다 보호함

이 중 80만3천 명은
분담금이 면제됨

노동회의소 전문가들이 제공한
2백만 건의 상담 실적

노동, 사회복지, 파산:
134만 건

소비자보호: 38만9천 건

세법: 21만1천 건

교육: 4만5천 건

3억5천만 유로의 이자를
오스트리아 은행이
대출자에게
돌려주어야 했다.

8만5,700건에
달하는 법률문제 대리 법정
또는 법정 외 합의 도출

노동회의소의 실적

2018년도 자료 기준

- 노동회의소는 회원이 낸 회비 이상의 가치를 회원들에게 돌려주었다.
2억3,120만 유로 사회 복지, 8,350만 유로 노동법 부문, 4,480만 유로 세법,
1억5,040만 유로 파산, 760만 유로 교육 바우처, 1,370만 유로 소비자보호

4억7,600만
유로의 회원 회비

5억3,120만 유로를
회원을 위해 확보함

373만6천 회원의 권익을 날마다 보호함
이 중 76만8천 명은 분담금이 면제됨

노동회의소 전문가들이 제공한
2백만 건의 상담 실적

노동, 사회복지, 파산: 136만4천 건
소비자보호: 38만6천 건
세법: 20만7천 건
교육: 4만3천 건

820만 회 방문, 온라인 계산 시스템
200만 회 다운로드, 문서와 서류
130만 건, 브로슈어 배포와 전송

8만7,600건에
달하는 법률문제 대리 법정
또는 법정 외 합의 도출

사회복지국가에서의 삶

출생	병원 서비스, 어머니-자녀-등록증, 모성보호
장애	돌봄 수당, 고용 촉진, 일일 작업장

교육

유치원	유아 교육, 교육학
의무교육	교과서, 무료 통학, 학습 지원
교육	직업학교, 졸업 시험, 전문 교육원, 대학교

직업 활동

질병, 사고	질병수당, 치료비, 응급 및 입원 치료비, 재활
주거	주거 공간 지원, 조합, 임대료 지원
실업	실업 급여, 긴급 지원, 숙련/교육과정, 직업 알선, 견습 지원
가족	가족 지원, 가족 전체 대상 보험, 연금보험 기간
유족 보호	미망인
빈곤 퇴치	필요에 따른 최저 생계비 지원, 긴급 지원
재취업	질병 후 재취업 수당
장애	연금, 직업 및 건강 재활

은퇴

연금	노령연금, 퇴직금
요양	돌봄수당, 호스피스, 이동 지원 서비스

- **노동회의소 포털**(www.arbeiterkammer.at)

'노동회의소 포털'은 (주 7일, 매일 24시간 가능하다는 의미인) '7×24'를 원칙으로, 정보, 서비스 및 상담을 제공한다. 노동회의소는 상담의 중요한 내용들을 관련 정책, 텍스트, 표, 영상 자료 등을 활용해 압축, 정리해 소개한다. 이들 자료는 모니터의 크기와 상관없이 자유롭게 볼 수 있으므로, 스마트폰과 태블릿-PC 사용자들이 사용하기에 특히 편리하다.

– 연방 주 노동회의소

'노동회의소 포털'을 통해 노동회의소는 각 주에 특유한 소식, 서비스, 지원 정보를 소개한다. 각 연방 주의 노동회의소 홈페이지 메뉴 가운데 소개란인 "우리에 대하여"를 보면, 각 회의소 지부 및 기타 지점의 주소, 전화번호와 업무 시간이 수록되어 있다.

– 명확한 목차

목차가 명확해 이용자는 필요한 내용을 '직관적'으로 쉽게 발견할 수 있다. 정보는 영화, 인터넷 링크, 소셜 미디어(SNS) 연결 등 인터넷에 적합한 멀티미디어 형태로 제공되며, 수요와 필요에 따라 해당 집단에 적합한 형태로 편집된다.

– 권익 대변

이용자는 '권익 대변'이라는 메뉴에서, 정치적 현안에 대한 노동회의소의 입장을 읽을 수 있다. 또한 노동자의 이익이라는 관점에서 노동회의소의 폭넓고 다양한 정치적 활동을 강조한다.

　— 서비스

언론인, 종업원 평의회, 학생, 특별한 도움이 필요한 동료에 이르기까지 다양한 집단을 위한, 회원 관련 정보 및 입법 관련 정보 등 서비스 및 업무는 메뉴에서 찾을 수 있다. 안내서(w.ak.at/ratgeber), 표준 서신, 연구 자료, 잡지 및 동영상.

　— 뉴스레터

오스트리아 전역에 걸쳐 5만5천 명이 정기적으로 뉴스레터를 구독하고 있으며, 매주 또는 2주에 한 번 뉴스레터를 받는다. 뉴스레터는 주제, 내용, 지역별로 조정되어 구독자와 직접 관련된 내용을 다룬다.

　— 계산 기능, 안내서, 대화와 응용

디지털 매체는 대화의 가능성을 여는 데 기여한다. 회원들이 [포털 사이트에서 제공하는] 계산 기능을 활용해 자신의 최종 상태를 기록, 기간을 저장함으로써, 맞춤형으로 자신의 요구를 계산할 수 있는 기회를 제공한다.

w.ak.at/rechner

　— 회원과의 대화

페이스북(Facebook)을 통한 회원과의 대화는 온라인 매체에서 중요한 부분을 차지한다. 경청, 질문, 토론을 통해, 노동회의소는 회원의 귀 또는 자판에서 바로 디지털로 무엇이 문제인지를 정확히 파악한다. 페이스북은 상담 시간을 통한 서비스뿐 아니라, 정규 시간 이외에도 상담 서비스를 제공하고, 회원의 이익을 대변하는 정책을 지지함으로써 큰 반향을 얻고 있다.

www.facebook.com/arbeiterkammer

― 유튜브

오스트리아 연방노동회의소 채널은 세계 제2의 검색 엔진의 일부로 클립(Clip) 데이터베이스를 갖추고 있으며, 짧고 이해하기 쉬운 영상으로 내용을 전달한다. 가장 활용도가 높은 노동회의소 클립은 직원 평가 요청 및 직장 내 권리를 다룬 영상이다.

― 앱

스마트폰과 태블릿 PC는 디지털화된 세상에서 없어서는 안 될 존재가 되었다. 늘 회원들과 함께하기 위해 노동회의소는 앱을 적극적으로 활용한다. 가장 널리 이용되는 안드로이드와 iOS(애플)를 위한 앱을 구비해, 유용한 노동법 사전을 포함한 자료뿐 아니라, 회원들에게 항시 자문과 지원을 제공한다.

w.ak.at/app

― 노동회의소 전자도서관

노동회의소 전자도서관은 아홉 개의 연방 주를 포함하여 오스트리아 전역의 네트워크 솔루션 역할을 한다. 독자는 항시 인터넷을 통해 무료로 도서관에 접속할 수 있으며, 도서관은 폭넓고 다양한 주제에 대해 전자 매체의 공급을 지속적으로 늘리고 있다.

2011년 3월 전자도서관이 설립된 이후로 전자 도서와 전자 저널의 수는 약 7천 개에서 4만2천 개(2017년 11월 기준)로 증가했으며, 2015년부터 현재 약 1천8백 편 정도인 전자 오디오 서적도 제공되고 있다.

이처럼 자료가 빠른 속도로 증가하는 이유는 독자들의 관심이 증가하기 때문이다. 지난 6년간 대여 건수가 몇 배나 증가했으며, 2017년의 경우 11월까지 25만5천 건이 넘게 다운로드되었다.

전자 오디오 서적, 전자 언어 강좌, 전자 저널과 더불어 소설, 인문학, 자연과학 및 사회과학 분야의 전문 서적 등이 제공된다. 그외에도 종업원 평의회 위원과, 의사를 제외한 건강 분야 종사자를 비롯한 특정 직업군을 대상으로 한 자료가 있으며, 학생들의 연구 에세이 작성 또는 졸업논문을 돕기 위한 학업 전 논문(VWA) 자료 또한 구비되어 있다.

각 주 회의소와 노동회의소 전자도서관 관리를 위탁받은 도서관들은 회원에게 이처럼 경제적·시간적·공간적 제약이 없으며 간단히 접속해 이용할 수 있는 서비스를 무료로 제공함으로써 노동회의소의 교육정책을 지원한다.

노동회의소 전자도서관 주소는 다음과 같다.

http://ak.ciando.com/

2.7
9개 노동회의소와 연방노동회의소

9개 주 노동회의소와 연방노동회의소

- 회원 350만 명
- 직원 약 2천6백 명
- 간부 840명

연방노동회의소는 9개 노동회의소를 총괄하는 상부 기관이다. 연방노동회의소는 연방 지역 전체 혹은 여러 주에 영향을 끼치는 모든 안건을 맡아 처리한다. 물론 그 전에 각 노동회의소의 의견이 반영되며 공동 대처 방안이 확정된다. 연방 노동회의소는 의회와 연방 정부(각 부처)에 회의소의 이해를 대변하는 역할을 한다.

- 빈 노동회의소(연방노동회의소 사무국)

1041 빈, 프린츠-오이겐 가 20-22 (1041 Wien, Prinz-Eugen-Straße 20-22)

www.akwien.at

- 부르겐란트 노동회의소

7000 아이젠슈타트, 빈 가 7 (7000 Eisenstadt, Wiener Straße 7)

http://bgld.arbeiterkammer.at

- 케른텐 노동회의소

9020 클라켄푸르트, 반호프 플라츠 3 (9020 Klagenfurt, Bahnhofplatz 3)

http://kaernten.arbeiterkammer.at

- 니더외스터라이히 노동회의소

3100 상크트텐, 아카-플라츠 1 (3100 St. Pölten, AK-Platz 1)

(빈 거주 노동자는 1040 빈, 플뢰슬 가쎄 2 방문(1040 Wien, Plößlgasse 2)).

http://noe.arbeiterkammer.at

- 오버외스터라이히 노동회의소

4020 린츠, 폴크스가르텐 가 40 (4020 Linz, Volksgartenstraße 40)

http://ooe.arbeiterkammer.at

- 잘츠부르크 노동회의소

5020 잘츠부르크, 아우어슈페르그 가 11 (5020 Salzburg, Auerspergstraße 11)

http://sbg.arbeiterkammer.at

- 슈타이어마르크 노동회의소

8020 그라츠, 한스-레젤-가쎄 8-10 (8020 Graz, Hans-Resel-Gasse 8-10)

http://stmk.arbeiterkammer.at

- 티롤 노동회의소

6020 인스브루크, 막시밀리안 가 7 (6020 Innsbruck, Maximilianstraße 7)

http://tirol.arbeiterkammer.at

- 포어아를베르크 노동회의소

6800 펠트키르히, 비드나우 4(6800 Feldkirch, Widnau 4)

http://vbg.arbeiterkammer.at

AK Beratungszentren und Bildungseinrichtungen in Österreich

Beratungszentren

Bildungseinrichtungen
AK Bildungshäuser, Bibliotheken und Bildungseinrichtungen
des bfi von AK und ÖGB sowie VHS im AK Eigentum

Einrichtungen mit AK Beteiligung

Gestaltung: B.A.C.K. Grafik und Multimedia GmbH

2·8
연방노동회의소

연방노동회의소의 의사 결정 기관

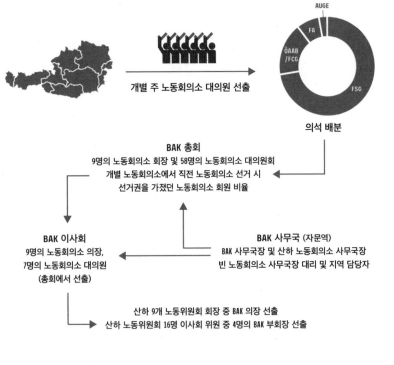

개별 주 노동회의소 대의원 선출

AUGE
FA
ÖAAB/FCG
FSG

의석 배분

BAK 총회
9명의 노동회의소 회장 및 58명의 노동회의소 대의원회
개별 노동회의소에서 직전 노동회의소 선거 시
선거권을 가졌던 노동회의소 회원 비율

BAK 이사회
9명의 노동회의소 의장,
7명의 노동회의소 대의원
(총회에서 선출)

BAK 사무국 (자문역)
BAK 사무국장 및 산하 노동회의소 사무국장
빈 노동회의소 사무국장 대리 및 지역 담당자

산하 9개 노동위원회 회장 중 BAK 의장 선출
산하 노동위원회 16명 이사회 위원 중 4명의 BAK 부회장 선출

- **연방노동회의소 기관**
  - 총회
  - 연방노동회의소 이사회
  - 연방노동회의소 회장

- **총회**

노동회의소 회장 9명과 대의원회 의원 58명으로 구성.

  - 연방노동회의소 이사, 연방노동회의소 회장 및 부회장을 선발
  - 법적 한도액을 감안하여 연방노동회의소 분담금을 결정
  - 연방노동회의소의 활동을 고려하여 이해 대변을 위한 기본 원칙
    제정
  - 모든 노동회의소에 해당하는 지침을 제정(예: 법률 보호 규정, 예산
    사용 규정 기본 틀)

- **연방노동회의소 이사회**

각 지역 노동회의소 회장 9명과, 총회에서 선출된 대의원 대표
7명으로 구성된다.

이사회의 역할
  - 총회를 준비하고 총회에 보고해야 함.
  - 연방노동회의소의 사업 운영 및 총회에서 내려진 결정의 시행을
    감독

- **연방노동회의소 의장**

연방노동회의소의 회장은 노동회의소 회장들 중에서 선발된다. 부회장 4명은 모두 연방노동회의소의 이사진이어야 하며, 추천권이 있는 정파에서는 각 정파마다 최대 1명의 부회장을 추천할 수 있다.

- **연방노동회의소의 사무국**

빈 노동회의소 사무국이 연방노동회의소의 사무 행정을 담당하므로 노동회의소는 경제회의소에 비해 조직이 간소하며 지출이 적다.

빈 노동회의소의 사무국장은 연방노동회의소의 사무국장을 겸직하며, 그의 임용은 연방노동회의소 이사회의 승인을 거쳐야 한다.

"정의와 사회적 균형이 다시금 유럽 정치의 가장 중요한 목표가 될 경우, 통합되고 평화로운 유럽의 발전이 가능하며 유럽 시민의 지지를 기대할 수 있다."

브뤼셀에 위치한 노동회의소 유럽 대표부는 유럽연합 관련 안건을 처리하는 모든 노동회의소의 공동 기구이다.

- **브뤼셀에 위치한 노동회의소 유럽 대표부**

적어도 오스트리아가 유럽연합의 회원 국가가 된 후부터 오스트리아 법의 적지 않은 부분이 (유럽연합 집행위원회 본부가 있는) 브뤼셀에 의해 결정되고 있다. 그리하여 연방노동회의소는 이미 1991년에 독자적인 대표부를 유럽연합의 수도에 설립했다. 그 뒤로 오스트리아 노동자의 관심사 및 권익의 대변은 그 이후 직접적으로 브뤼셀에서 이루어진다. 이와 관련된 노동회의소 유럽 대표부의 핵심 역할은 이미 입증되었고, 유럽연합 내에서도 중요한 위치를 차지하고 있다. 특히 브뤼셀 내에서 금융권 및 기업들의 로비가 막강한 영향력을 행사하고 있으며 약 1천6백 개나 되는 경제 로비 조직을 50개에 불과한 노동조합 및 소비자 단체가 상대하고 있는 실정이다.

브뤼셀의 권력과 대응 세력

브뤼셀의 이해 대변(2015)

2억1,600만 노동자	2천2백만 고용주	
노동자 권익 대변 기구 /노동조합 ~75	220만 명의 고용주 사업가와 사업 단체	1,388
	무역·경제 협회	2,075
	자문회사	599
	직업협회	392
	독립 자문가	281
	법률 사무소	97
	총계	4,832

출처: 유럽연합의 투명성 등록부
http://ec.europa.eu/transparencyregister/public/homePage.do(2015.9.10)

오직 유럽 경제 사회위원회만이 협력을 기반으로 한 사회 동반자 관계 구조에 여전히 주목하고 있다. 영미권의 조각난 로비 시스템이 사회적 파트너십에 기반을 둔 해결 구조보다 명백히 압도하고 있으며, 사회 동반자 관계에 기반을 둔 구조는 특히 세계화가 가져온 변화에도 불구하고 여전히 오스트리아에서 중심을 차지하고 있다.

360만 명이 넘는 오스트리아 노동자들의 법적 권익을 대변하는 기구로서 노동회의소는, 오스트리아 노동조합 운동과 목표를 공유하며, 유럽연합이 단순히 경제 공동체에 머물지 않고 그 이상으로 나아가게 해야 한다. 유럽 차원에서 정책을 고려할 때에만 오스트리아 노동자를 대변하는 기관으로서의 목표를 이룰 수 있다는 점에서, 노동회의소는 유럽연합을 연대와 공정성을 바탕으로 하는 사회공동체로 인식하고 있다. 유럽 차원에서 노동자 및 소비자의 권리가 지속적으로 향상되고 있다.

대량 실업, 경기 침체, 일방적인 긴축 프로그램, 수백만 명의 젊은이들이 미래의 전망을 상실했던 2008~2009년 경제 및 금융 위기의 파괴적인 결과를 감안해, 노동회의소는 유럽의 경제 및 사회 정책 변화를 긴급하게 요구하고 있다. 지속 가능한 성장, 양질의 일자리, 동등한 기회, 미래 투자를 정책의 중심에 두는 공동 이니셔티브가 필요하다. 이런 목표는 유럽과 오스트리아가 함께 추구해야만 달성할 수 있다. 그리하여 오스트리아 노동회의소는 노동조합의 협력 단체 및 시민단체와 함께 유럽연합의 의사 결정 과정에 참여하며, 브뤼셀의 노동회의소 유럽 대표부는 이를 위해 결정적인 역할을 한다.

2.9
노동회의소 선거

투표는 누가 하는가?

* 모든 노동회의소 회원은 투표할 권리를 갖는다.
* 기본적으로 모든 노동자
  — 노동회의소 회원인 프리랜서와 실업자도 포함
* 주요 예외 대상
  — 국가 공무원
  — 농업 및 임업 종사자
  — 실업수당 기금에서 실업 급여를 받지 않는 실업자
  — 임원

* 노동회의소 선거

노동회의소 선거는 5년에 한 번씩 있으며, 각 주에서 총회가 구성된다(이를 '노동자 의회'라고 부른다).

노동회의소의 총회는, 투표권이 있는 노동자에 의해 평등, 직접, 그리고 비밀선거에 의해 선출되며, 이는 비례대표제 선거법의 기본 원칙에 의해 선출된다. 투표권은 선거(관리)위원회에서 직접 투표를 하거나 우편으로 행사할 수 있다. 노동회의소 선거 진행은 '연방 노동, 사회, 보건 및 소비자 보호부'의 규정을 따른다.

국적 및 회비 면제 여부와 상관없이 노동회의소에 소속된 노동자라면 모두 투표할 수 있다. 노동회의소 선거는 견습생과 청소년 노동자도 투표권을 행사할 수 있는, 오스트리아의 유일한 '큰 선거'이다. 모든 노동회의소 회원에게는 투표권이 있다.

프리랜서 또한 노동회의소 회원이므로 투표권이 있다. 국가 공무원, 기업 임원, 의사들은 투표권이 없다.

위원회 소속 노동자는 선거일에 다음과 같은 조건을 충족할 경우 노동회의소 직책에 선발될 수 있다.

   — 만 19세 이상

   — 지난 2년간 오스트리아에서 최소 6개월 이상 회의소에 소속된 노동자 또는 피고용인

   — 오스트리아 시민권과 투표 연령 요건을 제외하고, 국민의회 투표권 요건에 의해서는 배제되지 않음.

일반적으로 노동회의소 선거에는 다양한 정치관 및 세계관을 지닌 노동자 조직이 출마하며, 이들은 대부분 오스트리아 연방노총의 정파나 노동조합에 속해 있다:

   — 사회민주주의노동조합원(FSG)

   — 오스트리아 노동자연방/기독교 노동조합원(ÖAAB/FCG)

   — 대안 녹색당 노동조합원/독립 노동조합원(AUGE/UG)

   — 자유당 노동조합원(FA)

– 좌파 블럭 노동조합원(GLB)

– 노동조합연합(GE)

그 밖에도 연방 주에 따라 (각 주 노동회의소별) 다른 (노동자) 그룹이 있을 수 있다.

투표권자를 파악하기 위해 노동회의소 회원 기록을 참고로 하며, 실업자의 투표권 보유 여부를 파악하기 위해 노동시장 서비스 기관의 도움을 받는다. 각 노동회의소의 선거관리위원회는 모든 사람이 투표권을 행사할 수 있도록 지원할 의무가 있다. 이를 위해 모든 노동자가 선거에 참여할 수 있도록 적절히 안내하며, 노동회의소 소속 회원임이 확인되면, 투표자 명부에 이름이 기재된다.

노동회의소 선거는 다른 선거와 달리 (예: 지역단체) 투표지를 제출할 수 있는 투표소에 따라 분류를 한다. (일반적으로 그렇듯이) 작업장에서 투표할 수도 있고, 우편으로도 할 수 있으며, 공식 투표소에서 투표를 할 수도 있다.

– 노동자는 장소를 마련할 수 있다면 작업장 내에서 노동회의소 선거 투표를 할 수 있다('사업장 내 선거'). 종업원 평의회와 공무원 평의회는 노동회의소 선거에서 매우 중요한 역할을 하는데, 사업장 내 투표 과정을 준비하고, 동료들에게 선거를 안내한다.

– '사업장 내 선거' 참여가 불가능한 모든 노동자는 '일반 선거'를 하게 되는데, 이들은 우편 선거를 하거나 공식 투표장에서 투표를 할 수 있다.

선거 결과: 투표수 배분

2014년 모든 연방주에서 총 2,808,862명의 유권자 가운데 1,117,028명이 투표에 참여. 이는 평균 투표율 39.77%에 해당함. 이 가운데 유효표 1,092,182의 투표수 배분은 다음과 같음.

정당(교섭단체)	2014년 결과	2009년 결과
사회민주주의 노동조합원(FSG)	57.16	55.81
기독교 노동조합원(ÖAAB-FCG)	21.03	24.94
자유주의 노동조합원(FA)	9.68	8.71
대안적 및 녹색 노동조합원/ 독립 노동조합원(AUGE/UG)	6.01	4.68
노동조합 좌파 블럭(GLB)	1.35	0.87

자료: https://www.arbeiterkammer.at/ueberuns/akwahl/AK_Wahl_2014.html
주: 개별 연방주에서 통과 50% 미만의 그룹은 명부에서 제외

- **선거 결과의 의미는 무엇인가?**
  - 노동회의소 내 위원회의 의석 배분(총회, 이사회, 집행부 등)
  - 연방노동회의소 내 위원회의 의석 배분(연방노동회의소 총회, 연방 노동회의소 이사회 등)
  - 사회보험을 위한 노동자 단체 위원회의 보험 대표 의석 배분

노동회의소 총회에서는 2(또는 3)명 이상부터 출마자 그룹은 교섭단체를 구성할 수 있다. 이런 정파들은 (오스트리아 연방의회인) 국

민의회와 주 의회가 그렇듯이 특권을 가진다. 차이점은, 영향력이 약한 정파가 노동회의소 총회에서 더 많은 권리를 가지고 있다는 것이다. 1992년 노동회의소 법은 소수의 권리가 총회에서 더 많이 대표될 수 있게 했다. 1명 또는 최고 2명의 대표자로만 이루어진 '출마자 그룹'이 (소수자 권리) 신청권을 가진다.

- 소수 교섭단체의 권리
  - (총회에서 차지하는 의원 수에 따른) 한 정파에 속한 부회장이나 이사진은 오직 해당 정파의 제안으로만 선출되거나 사임할 수 있으며, 이 교섭단체의 대의원 대표자 다수의 의지에 반하여 선출 또는 해임될 수 없다.
  - 모든 정파는 감독위원회에서 대표되어야 한다. 소수 정파의 대표가 의장을 맡는다.

모든 노동회의소의 선거 결과는 연방노동회의소 연방 총회(58명의 대의원회 의원)의 구성에도 결정적인 영향을 미친다.

연방노동회의소 연방 총회의 임기는 산하 노동회의소 총회와 마찬가지로 5년이다.

"약 3백만 명에 달하는 오스트리아 노동자들에게는 노동회의소라는 강력한 권익 대변인이 있으며, 이런 노동회의소의 존재는 오스트리아 연방노총, 노동조합, 종업원 평의회 의원 및 직원협의회 의원의 열성적 협력을 통해 공정한 사회를 이룩하는 것을 의미한다."

3

현재의 발전 과정

3.1
환경의 변화

- 신자유주의 이데올로기
- 전문가들 간의 새로운 경쟁
- 사회적 동반자 관계 내의 권력 구도 변화
- 적대적인 미디어
- 노동 세계의 유연화
- 세계화

⋯→ 강력한 노동자 이해 대변 기관이 필요함!

정치적 이해 대변 단체

AK

이해 대변 및 서비스 제공 조직

ÖGB

투쟁 조직

과거 수십 년 동안 그랬듯이, 현재도 우리는 신자유주의의 지적
·정치적 헤게모니하에 있다. 신자유주의 이데올로기에 따르면, 인
간은 모든 소속, 감정과 전통에 얽매이지 않은 완전히 이성적인 존
재이며, 자신의 인생을 스스로 계획할 수 있다. 세계는 하나의 거대
한 시장이며, 신자유주의 이데올로기는 이런 시장에 대한 통제를

거부한다. 통제는 경쟁을 왜곡할 것이기 때문이다. 그리하여 신자
유주의자들은 사회와 사회적 동반자 관계가 경제에 미치는 영향이
축소되어야 한다고 생각한다. 신자유주의 이데올로기에 따르면 규
제 폐지, 민영화, 유연화, 방해 받지 않는 자유로운 경쟁이 성장 및
노동을 촉진시킬 것이기 때문이다. 이런 '이념'은 좋지 않은 결과를
가져올 것이다. 수익 및 재산의 불평등한 분배, 1930년대 이후로 가
장 심각한 경제위기, 빈곤의 증가, 정책 시행에 대한 불신 등의 부
정적인 결과는 극우 정당의 등장과 밀접한 관련이 있다.

    – 신자유주의 이념을 지원하고 확립시키기 위해 사용자단체는
    '어젠다 오스트리아'(Agenda Austria)와 같은 싱크 탱크를 설립했으
    며, 이는 사회적 동반자 관계가 지원하는 경제연구소 및 노동회
    의소에 대항하기 위함이다.

신자유주의 경제를 신봉했던 프리드리히 하이에크(Friedrich Hayek)
는 이미 1947년에 '자유경제'의 실현을 위해 "노동조합의 힘이 법
률로뿐만 아니라 실제로도 제한되어야 한다"고 주장했다. '하이에
크 연구소'(Hayek Institut), '에코-오스트리아'(ECO-Austria)나 '어젠다 오
스트리아'의 목표는 매우 분명하다. 경제·사회정책에 대한 사회적
동반자 관계의 영향력을 없애고 미디어와 정치적 메시지를 신자유
주의적인 내용으로 채우는 것이며, 그럼으로써 노동회의소에 소속
된 전문가들의 학문적 자질에 의문을 제기하는 것이다.

─ 지난 시기를 보면 오스트리아의 사회적 동반자 관계(사용자와 노동자 단체)는 변화를 겪었으며, 정부와의 관계도 변했다. 우선 오스트리아가 유럽연합에 가입하면서 초국가적 차원에서 결정해야 할 일이 많아졌다. 이와 더불어 국내의 정치적 환경과 권력관계의 변화도 중요한 변수가 되었다. 오스트리아와 유럽연합의 수준에서 로비 시스템이 점점 영향력을 발휘하게 되었으며, 투자를 하는 자가 수익을 얻는다는 극단적 생각이 경제적·사회적 양극화로 이어졌다. 즉 강한 자는 더 강해지고 약한 자는 더 약해지는 것이다.

─ 오스트리아의 미디어 분포는 1970년대부터 다양해졌으며 이런 변화의 일부는 미디어의 타블로이드화와도 관련이 있다. 그 결과 미디어는 종종 노동조합의 안건을 부정적인 시각으로 소개하게 되었다. 오늘날 빠르게 움직이는 미디어의 성격상 기자들은 연구할 시간이 점점 줄어들어, 홍보 대행사가 자주 사용하는 '적자 없는 균형'이나 "우리는 분수에 맞지 않게 사치를 했다"와 같은 자극적인 표현들을 그대로 사용한다. 이런 시각에서 노동조합과 노동회의소는 '기득권 세력'이나 '현대화를 방해하는 요인' 등으로 표현된다.

─ 지난 세기에 걸쳐 신자유주의의 압박에 의한 노동 세계의 유연화는 전통적인 노동과 새로운 노동 형태 사이의 경계를 점점 모호하게 했다. '비전형적인' 노동 형태가 급속히 증가했는데, 파견직, 프리랜서와 같은 '비전형' 또는 불안정 고용 관계를 예로 들 수 있다. 특히 여성의 경우 '비전형적'이거나 불안정한 일자리를

갖기 쉬우며, 시간제나 주 15시간 미만의 경미한 노동에 종사하는 경우가 많다. 이런 일자리는 대체로 불안정하며, 소득이나 노동 및 사회법 보장의 측면에서도 안정성이 떨어진다. 다수의 노동자가 자의로 이런 노동 형태를 선택하는 것은 아니며, 일반적으로 다른 일자리를 찾을 수 없을 때 차선책으로 선택하는 경우가 대부분이다.

— 경제의 세계화는 지난 세기 동안 뚜렷한 추세가 되었다. 제품 및 서비스 거래는 글로벌 사회 생산물로서 분명히 더 빨리 증가했으며, 국제적 자본거래와 외국의 직접 투자 또한 크게 증가했다. 국내 국민경제는 역사상 처음으로 가장 국제적인 양상을 보이고 있다. (국제적 업무 분업의 발전, 저렴하고 다양한 제품의 제공으로 인한 부의 증가 등) 세계화의 장점은 빈부 격차나 다국적기업의 권력 및 영향력 독점 같은 단점과 대조된다. 그러나 세계화는 정치 및 사회에 대항할 수 없는 '경제적 자연 법칙'이 아니며, 경제적·정치적 관심사에 의해 좌우되므로 정치에 의해 형성되는 개념이다.

— 이런 환경에서 노동회의소와 강력한 오스트리아 연방노총 및 소속 노동조합은 정치적 이해관계를 실현하기 위해 반드시 필요하다. 이들만이 정의롭고 공정한 사회를 보장하기 때문이다. 투쟁기관으로서 오스트리아 연방노총은 앞으로도 종업원 평의회 위원과 직원협의회 대표자를 통해 사업장과 밀접한 관계를 맺으며 투쟁해 나갈 것이다. 오스트리아 연방노총은 급여 및 사회적 요구를 제안하며 이를 관철시킬 힘도 가지고 있다. 노동회의소는 전문지식과 국가를 상대로 하는 법률안에 대한 평가 및 의견 제안 권

리를 활용하여 오스트리아 연방노총, 노동조합, 종업원 평의회 위원을 지원하며, 회원에게 서비스를 제공하는 역할을 담당한다.

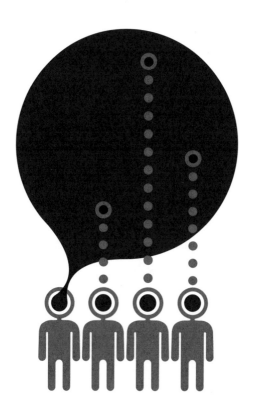

3.2
전략적 조치

환경의 변화에 따라 다음과 같은 노력이 필요하다.

- 현안에 대한 공공의 관심 제고
- 회원과 밀접한 관계 구축
- 네트워크 구축
- 국제적 참여도 개선
- 주요 능력 강화
  - 상담(노동법, 사회보험, 소비자, 세금)
  - 집단적 이해 대변(노동자들의 이해를 반영한 전문지식, 검토, 빅 데이터, 산업 4.0, 이민 등 새로운 변화에 초점을 맞춤)

— 노동회의소는 오스트리아 연방노총, 노동조합, 종업원 평의회와 더불어, 항시 변화하는 환경에 적응하며 새로운 방향을 잡아 나아가야 한다. 성공적인 방향 전환 및 적응은 새로운 종업원 평의회의 설립과 노동조합 가입 증가뿐만 아니라, 노동회의소에 대한 노동자의 신뢰 제고에서도 드러난다. 노동회의소는 노동자 권익의 대변자로서 회원들의 신뢰를 받기 위해 끊임없이 노력해 왔으며, 그 결과 회원과의 밀접한 관계를 조성하고, 나아가 노동

자 관련 안건에 대한 공공의 관심을 높일 수 있었다. 회의소의 자체 미디어와 노동회의소라는 브랜드를 선전하는 과정이 중요했다. '노동회의소 포털'(www.arbeiterkammer.at), 사회 미디어 참여 및 스마트폰 앱 사용 등 인터넷 기반의 구축은 앞으로도 계속될 것이다.

— 이런 노력으로, 노동회의소는 회원들의 독립적 대변 기관으로서 정치권에서도 인정을 받게 되었다. 지금까지는 노동회의소 회원들이 5년에 한 번 치러지는 노동회의소 선거에서 투표를 통해 정치적 의견을 표출할 수 있었다면, 현재는 페이스북 등 소셜 미디어를 통해 직접 노동회의소와 소통할 수 있게 되었다. 그 결과 참여가 증가되고, 비선거 시기에도 회원 개개인이 의견을 제시할 수 있게 되었다.

— 노동회의소 및 노동조합은 미디어에서 '집중 보도하는' 주제와, 이에 대해 대중이 '느끼는' 정치적 신뢰도의 영향을 받는다. 정책에 대한 미디어의 부정적인 보도는 정부와 정당에 대한 신뢰뿐만 아니라 정책 구성에 일조하는 모든 기관에 대한 인식에도 영향을 미친다. 만약 사람들이 특정한 (노동자 대변 기관이 참여할 수 없는) 정치적 사건이나 '스캔들' 때문에 '정치 일반에 대해 부정적인 생각'을 갖게 된다면, 노동회의소의 업적을 신뢰한다 해도 노동회의소 선거 투표율은 하락할 수 있다. 노동회의소는 앞으로도 계속해서 회원과 밀접한 관계를 유지하며 적합한 서비스 제공을 위해 노력할 것이다.

— 정의 실현과 공정한 사회, 그리고 여론의 형성을 꾀하려면 학자

및 비정부기구(NGO)와의 협력이 반드시 필요하다. 다양한 활동, 지원과 행사를 통해 노동회의소는 지난 세월 동안 언론과 정부를 상대로 노동자의 이익을 효과적으로 대변할 수 있는 네트워크를 구축했다. '사회국가'(Sozialstaat)의 안정과 확장은 이런 목표를 지닌 사람, 연합 및 기관이 종교적 믿음이나 정치적 사상에 상관없이 함께 협력함으로써 이루어질 수 있기 때문이다. 모든 수단을 활용해 반대 세력을 통제하고 주어진 가능성을 최대화하는 목표를 갖고 있으며 노동자 대변 기관보다 자원이 풍부한 신자유주의 싱크 탱크의 사례에서 볼 수 있듯이 자원의 힘을 무시할 수 없기 때문이다.

— 이런 맥락에서 브뤼셀에 위치한 연방노동회의소 및 오스트리아 연방노총의 역할 또한 무시할 수 없다. 이 단체들은 유럽 단위의 이해를 대변하는 핵심 단체이다. 특히 브뤼셀의 금융-경제계의 로비는 불균형적일 정도로 막강한 힘을 과시하고 있다. 경제 관련 로비 조직이 약 1천6백 개인 반면, 노동조합과 소비자를 위한 단체는 50개에 불과하다. 유럽 경제-사회 위원회만이 아직 사회 동반자 관계 구조를 중시하는 단체에 속하며, 노동회의소 및 오스트리아 연방노총 사무실은 노동자를 중시하는 정책을 시행하기 위해 협력자가 반드시 필요한 상황이다. 왜냐하면 유럽의 중요한 프로젝트에서 노동자와 소비자의 이해 대변을 돕고 있기 때문이다. 이런 목표를 위해 오스트리아 연방노총, 유럽연방노동조합연맹(EGB)과 같은 목표를 갖는 여타 조직과의 연합은 필수적이며, 그럴 때 노동자의 관심사를 효과적으로 대변할 수 있

다. 예컨대, 연방노동회의소는 금융거래세를 도입하기 위해 단순히 유럽에서 주목받은 다양한 연구에 투자하는 데 그치지 않고 '파이낸스 워치'(Finance Watch)라는 조직에 가입했다. 이곳의 목적은 금융권의 로비 세력에 대항하기 위해 작은 세력을 구축하는 것이다. 또 다른 유럽 단위의 네트워크를 만들기 위해 국제소비자보호단체(BEUC) 가입, 유럽연합의 경제-사회위원회 참여 및 유럽연합-이해관계자(Stakeholder) 기관을 위한 대표자 파견도 필요하다. 요컨대, 노동회의소는 지난 시기 동안 유럽 차원에서의 존재감과 공동결정의 가능성을 확보할 수 있었고, 앞으로도 정보력과 국제적 전문성의 향상을 위해 노력할 것이다.

— 노동회의소는 앞으로도 지속적으로 상담에 중심 역량을 집중할 것이다. 노동회의소는 2016년에 오스트리아 전역에 걸쳐 2백만 건이 넘는 방문 상담 및 전화 상담을 시행했으며, 이는 주로 노동법·사회법·세법 및 소비자 권리와 관련된 것이었다. 노동과 법률 관련 정책은 노동조합과의 협의를 거쳐 노동회의소의 중요한 기반으로 다루어진다. 이를 위해 편리한 연락 체계, 높은 서비스 품질, 높은 시장 점유율과 함께 효과적인 법적 보호가 필요하다. 요구 사항의 증가, 민영화, 공공서비스의 외주화 및 노동시장의 개방은 노동 부문이 풀어야 할 새로운 과제를 제시한다. 노동회의소 상담 부서의 전문가들은 노동법과 법무 실태에 관련해 최신 정보를 늘 숙지하고 있어야만 한다. 그러기 위해 대학 소속 노동법 연구 기관 및 대법원과의 밀접한 협력이 필수적이다. 더 나아가 세법 및 소비자 정책 분야도 중요하다. 합리적인 주거 공간

은 (주거) 소비자 보호의 핵심 주제 중 하나이며, 이는 광역 경제권의 임차비가 폭발적으로 상승하고 있기 때문이다. 또한 법률과 노동, 소비자 보호, 세금과 주거가 노동자의 삶에서 결정적인 역할을 하기 때문이다.

— 국가, 정부, 사회적 파트너를 상대로 집단적 권익을 대변하는 일의 중요성은 부정할 수 없으며, 앞으로도 노동회의소의 활동에서 중심적인 부분을 차지할 것이다. 또한 법률 검토와 기초연구 및 분석은 노동자들의 현안과 더불어 다양한 정치적 소재와 관련해서도 늘 재평가되어야 하며, 필요하다면 정책 분야의 확장을 꾀해야 한다. 예컨대, 20년 전만 해도 노동회의소가 기후변화와 기후 정책에 관여할 것이라고는 누구도 예상하지 못했다. 그러나 오늘날 분배 문제에 있어 기후 정책은 노동자들에게 매우 중요한 주제가 아닐 수 없다.

3.3
미래를 만드는 노동회의소

노동회의소의 정치적 주제

- 분배의 정의
- 정당한 수익과 좋은 노동조건
- 고용 및 복지 증진
- 재정적으로 부담 없는 주거 환경 유지
- 교육과 훈련을 통한 삶과 직장에서의 더 나은 기회
- 노동관계 개편(노동의 질, 노동의 미래 등)
- 일과 생활의 조화
- 디지털 혁신에서의 노동
- 사회국가와 유럽 사회연합

— 노동회의소는 세계화된 세상에서도 높은 수준의 정당한 임금을 지불하는 작업장이 존재할 수 있으며 사람들을 빈곤으로부터 보호할 수 있음을 분명히 하며, 또한 모두를 위한 삶의 질 향상이 가능하다는 것을 보여 준다. 오스트리아와 유럽내 존재하는 유형, 무형의 자산이 모두의 이익을 위해 보다 의식적으로 사용되어야 한다. 이를 위해 노동회의소는 일자리 마련 및 보호에 힘쓰

며, 모든 생활 영역에서의 민주주의 문제, 사회적 보장 및 균형, 일반교육과 전문 직업 교육, 생산된 복지에 모두의 공정한 참여와 삶에서 독자적인 결정을 가능하게 하는 기반을 닦는 것을 목표로 삼는다.

— 고용/복지 증가, 노동의 미래, 분배 정의, 사회국가와 유럽연합, 통합/이민자, 일과 가정의 병행, 재정적으로 감당할 수 있는 주거 환경은 중심 주제에 속한다. 이들 현안의 구체적인 내용, 관련 요구 사항 및 정책은 정기적인 평가를 거치며, 평가 시의 상황과 노동회의소 자치행정 기관들에 의해 결정된다.

오늘날 젊은이들의 생활환경은 세계적인 다중 위기로 말미암아 끊임없는 변하고 있다. 부모 세대와 비교했을 때 노동시장으로의 진입 시기가 지연되며 취업도 어렵다. 젊은이들은 새로운 노동 형태(인턴십, 불안정한 고용 형태)에 직면함에 따라, 노동에 대한 시각도 달라진다. 높은 주택 임대료와 불규칙적이고 낮은 수입으로 인해 젊은이들이 부모로부터 독립하는 시기가 점점 늦어지며, 더불어 출산도 지연된다. 노동회의소의 청소년 프로그램은 노동회의소의 과제 및 제공 서비스를 확장해 젊은 노동자의 희망 사항을 충족시키고 관심사를 효율적으로 대변하기 위해 노력하고 있다. 19세 이하의 청소년을 위한 서비스는 '젊은 노동회의소'(AK Young)라는 매력적인 이름으로 제공된다.

디지털 혁신은 소수 (새로운) 엘리트뿐만 아니라 사회 전체에 도움이 되어야 한다.

노동회의소의 비전은 다음과 같다. 새로운 수익, 디지털 혁신을 통한 생산성 및 효율성 증가가 균등히 배분되어야 한다. 변화하는 환경에서 수행되는 노동은 사람들에게 공정한 수입을 보장하고 새로운 '디지털 고용주'는 공공 사회 및 보건 시스템에 공정하게 기여한다. 사회국가는 새로운 소망과 가능성을 확대하는 역할을 한다. 다음 그래픽 자료는 '디지털 혁신'이 다루는 주제 분야를 간략히 소개한다.

https://wien.arbeiterkammer.at/service/studien/digitalerwandel/index.html

공정한 디지털 전환을 어떻게 할 것인가?

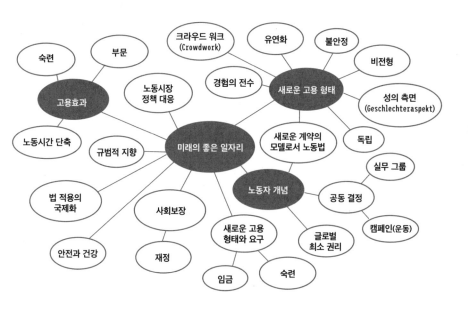

3.4

대화 이니셔티브, "노동은 어떤 모습이어야 하는가?"

노동회의소는 어떤 서비스를 제공해야 하는가? 노동회의소는 어떤 방식으로 노동 세계의 미래에 이바지해야 하는가? 어떤 주제를 정치적으로 다루어야 하는가? 370만 명에 달하는 회원들이 노동회의소의 방향을 결정하는데, 이는 세금이 아니라 회원들의 회비로 노동회의소가 운영되기 때문이다.

대화 이니셔티브, "노동은 어떤 모습이어야 하는가?"를 통하여 노동회의소와 오스트리아 연방노총은 노동자들의 소망과 애로 사항에 대한 설문 조사를 진행했다. 2018년 3월 초부터 5월 말까지 109만 명이 설문에 응답했다. 회원들은 여러 차례에 걸쳐 이루어진 사업장 방문, 거리 행사, 대형 행사 및 전문 행사, 직접 대화 및 소셜 미디어를 통해 의견을 제시했다. 정치적 질문 7개, 노동회의소의 성과에 대한 질문 6개에 30만 명이 서면으로 답변했다. "노동환경은 어떤 모습이어야 하는가?"는 오스트리아에서 노동의 미래라는 주제로 개최된 가장 대규모의 프로젝트였다.

설문 결과는 노동회의소의 정치적 방향과 지금까지의 실적에 대해 긍정적인 시각을 드러낸다. 더 나아가서 설문 결과에 따르면 노동자들은 새로운 욕구를 갖고 있음이 분명하다. 노동회의소는 이런 기대를 고려한다. 무엇보다 정치적 문항에 대한 회원들의 응답이 입법부와 연방 정부를 향한 메시지라는 점은 분명하다. 그럼에도 불구하고 노동회의소는 디지털화 등의 분야에서 회원들의 요구를 실현할 수 있도록 최선을 다할 것이다.

또한 설문조사 결과는 노동자가 노동회의소 및 회의소 활동의 축소를 원하지 않으며, 회의소가 만들어 낸 성과를 긍정적으로 인식하고 있음을 보여 준다. 수십 만 번에 걸친 대화와 노동회의소에 전달된 서신에는, 회비 인하에 대한 이야기는 없다. 우리는 설문을 통해 회원들이 회의소의 회비 납부에 매우 만족하고 있음을 증명했다.

"나는 노동자를 지원하고 보호하는 노동회의소가 꼭 필요한 기관이라고 생각한다. 그래서 회비 인하나 의무 회원제 폐지에 강력히 반대한다!"
"노동환경은 어떤 모습이어야 하는가?"

— 참가자 헬가 L.(Helga L.), 슈타이어마르크 출신

질문	예	아니요
노동시간: 하루 12시간, 주 60시간 근무가 앞으로도 예외적인 경우여야 하며, 추가 수당 지급을 보장해야 하는가?	88%	5%
급여 및 사회적 덤핑: 급여 및 노동조건 관련해, 규정을 따르지 않는 회사에 대한 통제와 처벌을 강화해야 하는가?	92%	2%
공정성: 오스트리아 전체에서, 같은 실적에 대해 남자와 여자가 동일 임금을 받아야 하는가?	91%	2%
주거: 주택 임대료에 대해 명확하고 효과적인 상한선이 있어야 하는가?	88%	5%
디지털화: 노동자의 업무 능력 향상을 위해 매년 일주일의 유급 교육 훈련을 지원해야 하는가?	88%	5%
연금: 법적 정년 연장을 막아야 하는가?	86%	7%
사회 안정: 실업자가 자신의 저축에만 의존하지 않도록 앞으로도 지원해야 하는가?	89%	4%

노동회의소의 성과	특히 중요함
회원, 즉 노동자의 사안을 정치적·경제적으로 대변	79%
노동법과 사회법 분야의 법률 보호 및 상담	87%
소비자 보호	78%
임대법과 주거 관련 상담	71%
교육 및 추가(연장) 교육을 위한 상담 및 지원	70%
각 지역 현지에 노동회의소-상담 센터 개설	71%

3.5
노동회의소의 향후 프로그램

노동회의소의 향후 프로그램(2019~2023)

회원을 위한 좀 더 강력한 지원

디지털화에 집중
5년에 걸쳐 두 기금(Fond)에 1억5천만 유로 투입

- 교육을 더 받고자 하는 노동자들을 지원하기 위한 숙련 향상 기금
- 일자리 창출과 노동환경 개선을 위한 계획을 지원하는 노동4.0 프로젝트 기금
- 정보 보호권을 침해당한 당사자를 위한 상담 제공

3가지 중점 과제
다음 세 분야에서 노동회의소의 서비스를 강화

- 교육
  ― 교육 상담, 그만두었던 직업 교육 과정 이수, 교육 자격의 분류
- 건강 복지
  ― 정치적 이해 대변, 보건 부문 직업 등록, 요양 수당 등급 관련 상담
- 주거
  ― 주거 관련 법률 자문

노동회의소의 향후 프로그램을 일별하면 다음과 같다.

— 회원이 결정한다: 회원들은 노동회의소에 회비를 납부하고 있다. [대화 이니셔티브] "노동환경은 어떤 모습이어야 하는가?"에 대답한 회원들의 관심사는 1백만 건이 넘으며, 미래의 프로그램은 이것을 기반으로 한다.

— 같은 돈으로 더 큰 효과: 소득이 있는 회원은 평균 7유로를 회비로 납부하는데, 회원들의 만족도는 높다. 회비를 인하하면 고작 몇 유로를 절약할 수 있겠지만 노동회의소가 제공하는 서비스는 현저히 줄어들 것이다. 따라서 향후 계획 프로그램은 같은 회비로 더 많은 서비스와 혜택의 제공을 원칙으로 삼고 있다.

— 디지털화에 집중: 본 프로그램은 디지털화에 초점을 맞추고 있다. 지금까지 경제회의소, 연방정부 및 주 정부의 디지털화로 이익을 얻는 대상은 주로 사업주였다. 노동회의소는 노동자도 혜택을 받는 디지털화를 계획하고 있다.

디지털화 집중 계획의 개요

— 5년에 걸쳐 두 기금에 1억5천만 유로를 투입

→ 교육 기금: 추가(연장) 교육을 원하는 노동자를, 주 정부, 사회적 동반자, 교육기관과 협력해 지원하기 위한 기금

→ 프로젝트 기금 노동 4.0: 일자리 창출 및 노동조건 개선을 위한 계획 지원

— 상담 제공: 정보 보호권을 침해 당한 사람들, 혹은 인터넷 사기나 연체금 대납 기관을 빙자한 사기 관련 상담

세 가지 중점 분야

　회원과의 대화 "노동환경은 어떤 모습이어야 하는가?"는 노동자들이 필요로 하는 것들이 무엇인지를 보여 준다. 노동회의소는 교육, 장기 요양, 주거라는 세 가지 핵심 분야에 대한 지원을 강화했다.

　− 교육

핵심 연령대의 청소년 15만 명에게 교육상담을 제공

직업교육 과정 이수를 지원

이수한 교육과정 분류와, 유럽연합 전역에서 비교할 수 있는 서비스센터

　− 건강 복지

새로운 부서 설립과 이해 대변에 집중

10만 명이 넘는 보건 관련 직업군에 종사하는 비자영 취업자의 등록

45만 명이 넘는 대상자의 요양 급여 등급 분류를 위한 상담

　− 주거

주거권 상담

4

오스트리아 이외 국가의
자매 노동회의소

브레멘, 자를란트와 룩셈부르크에도 법정 회원제인 노동회의소가 존재한다.

약 2년마다 국제노동회의소의 날(IAKT)이 정기적으로 열리는데,

이 행사를 통해 자매기관과 만나 경험을 교류하며 공통의 문제 및 전략을 논의한다.

4·1 브레멘 노동회의소

http://www.arbeitnehmerkammer.de/

브레멘 노동회의소법에 따르면, 독일 연방 주 브레멘에서 일하는 모든 노동자(공무원은 제외)는 노동회의소의 회원이 될 자격이 있다. 2015년을 기준으로 사회보험 의무가 있는 약 28만3천 명의 노동자와 약 7만1천 명의 초단 시간 노동자(Minijobber)가 소속되어 있다. 브레멘에서 일했던 실업자 또한 노동회의소에 소속된다. 노동회의소는 공법에 따른 단체이며 회원의 이익을 대변하는 역할을 한다. 노동회의소는 1921년에 설립되었으며, 처음에는 노동자와 사무 기술직을 위한 독립적 성격의 회의소로 출발했다. 2001년에 위원회는 (개편된) 새로운 노동자회의소로 재탄생했으며, 브레멘 지역의 안건과 더불어, 노동자에 대한 상담 및 숙련 교육을 담당한다. 경제사회아카데미(WiSoAk)와 같은 자체 기구뿐만 아니라 브레멘 주의 다른 기관과 함께 교육, 노동시장 정책, 공동 결정과 같은 주제에 대해 토론하며 공동의 사업을 추진한다.

4·2 자를란트 노동회의소

http://www.arbeitskammer.de/home.html

자를란트 노동회의소는 회원 상담 및 회원 교육을 관장하며 회원들의 권익과 관련된 연구 조사를 수행한다. 1951년 공법에 의거한 단체로 출발한 노동회의소는 헌법상의 지위를 갖는다. 노동회의소 회원은 모두 자를란트에서 일하는 노동자이며, 프랑스에서 자를란트로 국경을 넘나드는 통근자도 회원으로 가입할 수 있다. 노동회의소는 주로 상담, 교육, 연구 등의 업무를 수행한다. 회원 외에도 정치단체 및 노동조합, 종업원 평의회 및 직장평의회를 비롯, 노동자를 대변하는 여타 단체도 상담을 받을 수 있다. 개별 상담 주제는 실업보험부터 주거비용에 이르기까지 다양하다. 회의소는 키르켈 교육 센터(Bildungszentrum Kirkel)에서, 자를란트 추가 교육 및 교육 지원 관련법(SWBG)에 의거해, 노동 세계와 관련된 다양한 주제로 세미나를 개최한다. 그 외에도 노동회의소는 연구 위탁을 통해 노동자를 위한 학문 및 연구를 지원한다.

4.3 룩셈부르크 노동회의소

http://www.csl.lu/blick

룩셈부르크 노동회의소(CSL)는 정부의 상담 기관으로 설립되었으며 국가의 입법 절차와 긴밀하게 연계되어 있다. 1924년 4월 4일 법률로 확정된 회의소의 임무는 회원의 직업적 관심사를 보호 및 대변하는 것이다. 노동회의소는 시민의 지위에 있으며 재정적으로 자치를 가지고 있으나, 고용노동부 관할에 속한다.

모든 민간 부문(즉, 공기업이 아닌)에 종사하는 노동자와 룩셈부르크 철도청에 근무하는 노동자(CFL)는 의무적으로 노동회의소에 가입해야 한다. 노동회의소는 43만 명에 달하는 노동자와 사법(이 적용되는) 연금 생활자의 권익을 대변한다.

4·4 국제 노동회의소의 날

노동회의소의 임무는 다음과 같다:
- 법률안 및 시행령 관련 의견 제시
- 국가 자문 기구에서 노동자의 권익을 대변
- 노동자와 작업환경에 대한 정보 제공
- 미래 노동자를 위한 전문 교육 계획 및 조직에 의한 직업 기초 교육에 참여
- 교육, 야간 강좌, 세미나 등을 통해 다양한 성인교육 서비스를 제공

- 국제 노동회의소의 날

오스트리아, 룩셈부르크, 브레멘과 자를란트의 노동회의소의 주요 업무는 노동회의소 회원의 정치적 관심사 및 행정적 이해관계를 대변하며 이를 위한 계획을 실천하는 것이다.

아이디어를 교환하고 공동 프로젝트를 수립 및 평가하기 위해 2년마다 '국제 노동회의소의 날' 행사가 개최되는데, 이 행사에는 오스트리아, 룩셈부르크, 브레멘과 자를란트의 노동회의소가 참석한다.

"함께 유럽을 건설하자!"라는 구호하에 그라츠(2015)와 룩셈부르

크(2017)에서 '국제 노동회의소의 날' 행사가 시작되었다.

노동회의소는 현재 유럽이 직면한 문제(신자유주의적 긴축정책, 금융 시장의 탈규제화, 수요 감소, 기후변화 등)하에서 노동자와 관련된 주제들을 토론했다. 신자유주의적 시장 자유화에도 불구하고 어떻게 하면 임금 덤핑과 사회적 덤핑을 막을 수 있는가? 유럽의 경제 정부는 노동자에게 어떤 가능성 또는 위험을 초래하는가? 유럽의 청소년들에게 기회를 주려면 어떤 실천이 필요한가? 건강한 은퇴를 준비할 수 있도록 양질의 일자리를 제공하려면 어떻게 해야 하는가?

경제와 사회의 디지털화 속에서 노동('노동 4.0'), 노동자의 권리와 사회보장을 어떻게 계속 보장할 수 있는가?

경제 및 우리 사회의 디지털화는 노동자의 권리 보장 및 개선을 위한 새로운 도전 과제를 노동자 대변 조직에 부여한다. 이런 도전은 좀 더 사회적인 유럽의 건설을 위한 종합 과제 가운데 일부분이기도 하다.

2017년 5월에는 2년에 한 번씩 개최되는 모임 및 다음 모임 전까지 '사회적 유럽', '숙련 향상에 중점을 둔 디지털화'와 '젊은 노동회의소' 등에 대해 함께 연구를 진행하기로 했다.

5.1 오스트리아 연방노총

- **오스트리아 연방노총**

  오스트리아 연방노총, 요한-뵘-플라츠 1, A-1020 빈

  (Johann-Böhm-Platz 1, A-1020 Wien)

  전화: +43/1/534 44-0, www.oegb.at, 이메일: oegb@oegb.at

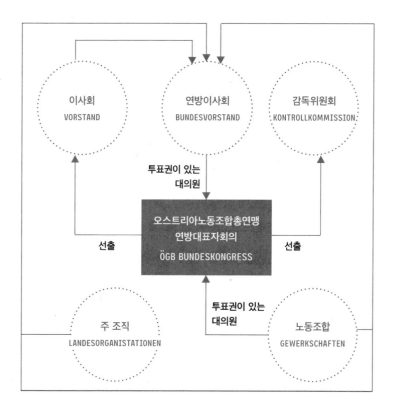

- **오스트리아 연방노총 대의원 총회** Der Bundeskongress des ÖGB

대의원 총회는 오스트리아 연방노총의 최고 기구이다. 4년에 한 번씩, 의결권을 보유한 약 5백 명의 대표들은 다음 임기의 주요 안건 및 정치적 목표를 민주적 다수결의 원칙에 따라 결정한다. 대의원 총회는 위원장, 부위원장 2명, 오스트리아 연방노총 집행위원회 및 감사위원회 위원을 선발한다. 의결권이 있는 구성원은 다음과 같다. 중앙위원회 의결권을 가진 조합원, 연방노총의 여성·청년·연금 부서의 대표 3명, 노조 대표 최대 250명.

연방이사회의 여성 비율은 여성 회원의 수를 감안해 적절한 비율이어야 한다.

- **오스트리아 연방노총 중앙위원회** Der Bundesvorstand des ÖGB

중앙위원회는 연방회의 중 최고 의사 결정 기구이다. 중앙위원회는 최대 3명의 연방노총 임원을 선출한다. 또한 사회·경제·문화 정책에 있어 노동조합 활동과 관련된 의제를 논의한다. 의결권이 있는 구성원은 다음과 같다. 중앙위원회 의결권을 가진 조합원, 최대 45명의 노조 대표, 정파 그룹별 대표자, 여성·청년·연금 부서 대표자 3명, 오스트리아 연방 노총 8개 주 조직의 대표자. 다른 구성원도 추가될 수 있다. 중앙위원회 구성원의 여성 비율은 최소한 여성 조합원의 수를 감안해 적절한 비율이어야 한다. 중앙위원회는 1년에 3~4회 개최한다.

- **오스트리아 연방노총 집행위원회** Der Vorstand des ÖGB

집행위원은 중앙위원회가 끝나고 다음 회의가 시작되기 전 오스트리아 연방노총의 사업과 자산을 관리하고 현 시기의 정치 활동을 조정한다. 의결권이 있는 구성원은 다음과 같다. 위원장, 부위원장 2명, 3명 미만의 임원, 대의원 총회에서 선출된 12~20명의 위원. 여성의 비율은 여성 노조원 수를 감안해 적절한 비율이어야 한다. 집행위원들 또한 중앙위원회의 의결권을 갖는다.

- **오스트리아 연방노총 감사위원회** Die Kontrollkommission des ÖGB

오스트리아 연방노총에 속한 감사위원회는 법령의 준수 여부 및 대의원 총회의 결정 이행을 감독한다. 그 외에도 감사위원회는 오스트리아 연방노총의 예산 및 자산, 금융 및 경제 기구를 감독한다. 수입 및 지출의 적정성을 검증하는 일 또한 감사위원회의 업무이다. 대의원 총회에서 감사위원회 위원을 선출하며 총 7명으로 구성된다.

오스트리아 연방노총의 집행부는 위원장, 부위원장, 사무총장으로 구성된다. 집행부는 연방노총 소속 기관이 아니며, 오스트리아 연방노총 기관의 결정을 집행한다.

- **7개 노동조합의 연맹**

모든 노동조합 조합원은 노동조합운동과 관련이 있다. 그러나 약 120만 명의 조합원이 적절한 조직 없이 개인적으로 목표를 성취하기가 현실적으로 어렵기 때문에 조합원의 직업군을 기준으로 소

속 노동조합이 존재한다. 모든 노동조합은 상급 단체인 오스트리
아 연방노총에 속한다.

오스트리아 연방노총 산하 노동조합

민간 부문 사무직·인쇄·언론·종이 노동조합
Gewerkschaft derPrivatangestellten, Druck, Journalismus, Papier(GPA-djp)
Alfred-Dallinger-Platz1,1034Wien,Tel.:+43/5/0301-301,www.gpa-djp.at;service@gpa-djp.at

공공서비스 노동조합 GewerkschaftOffentlicherDienst
Teinfaltstraße7,1010Wien,Tel.:+43/1/53454,www.goed.at;goed@goed.at

유니온 노동조합 Younion-DieDaseinsgewerkschaft
Maria-Theresien-Straße11,1090Wien,Tel.:+43/1/31316-8300;www.younion.at;infocenter@younion.at

건설·목공 노동조합 GewerkschaftBau-Holz
Johann-Bohm-Platz1,1020Wien,Tel.:+43/1/ 53444-59;www.bau-holz.at;bau-holz@gbh.at

교통·서비스 노동조합 Gewerkschaftvida
Johann-Bohm-Platz1,1020Wien,Tel.:+43/1/ 53444-79;www.vida.at;info@vida.at

우정·통신 노동조합 GewerkschaftderPost-undFernmeldebediensteten
Johann-Bohm-Platz1,1020Wien,Tel:+43/1/53444-49;www.gpf.at;gpf@gpf.at

제조업 노동조합 Produktionsgewerkschaft(PRO-GE)
Johann-Bohm-Platz1,1020Wien,Tel.:+43/1/ 53444-69;www.proge.at;proge@proge.at

오스트리아 연방노총 주 단위 노총 조직

연방 차원의 중앙 조직 외에도 오스트리아 연방노총은 8개 주별 지역 조직 등 다수의 지역 조직으로 운영된다. 노총 조합원들은 노동·사회·문화·교육 문제에 대해 가까운 지역의 현장에서 직접 지원을 받는다.

오스트리아 연방노총 빈 지역 조직 OGB Wien

Johann-Bohm-Platz 1, 1020 Wien, Tel: +43 / 1 / 53 444-39

Fax: +43 / 1 / 534 44-100204; wien@oegb.at; www.oegb.at

부르겐란드 지역 조직 OGB Landesorganisation Burgenland

Wiener Straße 7, 7000 Eisenstadt, Tel.: +43 / 2682 / 770-0

Fax: +43 / 2682 / 770-62; burgenland@oegb.at

케른텐 지역 조직 OGB Landesorganisation Karnten

Bahnhofstraße 44, 9020 Klagenfurt, Tel.: +43 / 463 / 5870

Fax: +43 / 463 / 5870-330: kaernten@oegb.at

니더외스타라이히 지역 조직 OGB Landesorganisation Niederosterreich

AK-Platz 1, 3100 St. Polten, Tel.: +43 / 2742 / 26 655

Fax: +43 / 1 / 534 44-104400; niederoesterreich@oegb.at

오버외스타라이히 지역 조직 OGB Landesorganisation Oberosterreich

Weingartshofstraße 2, 4020 Linz, Tel.: +43 / 732 / 66 53 91

Fax: +43 / 732 / 66 53 91-6099; oberoesterreich@oegb.at

잘츠부르크 지역 조직 OGB Landesorganisation Salzburg

Markus-Sittikus-Straße, 5020 Salzburg, Tel.: +43 / 662 / 88 16 46

Fax: +43 / 662 / 88 19 03; salzburg@oegb.at

슈타이어마르크 지역 조직 OGB Landesorganisation Steiermark

Karl-Morre-Straße 32, 8020 Graz, Tel.: +43 / 316 / 70 71

Fax: +43 / 316 / 70 71-341; steiermark@oegb.at

티롤 지역 조직 OGB Landesorganisation Tirol

Sudtiroler Platz 14-16, 6020 Innsbruck, Tel.: +43 / 512 / 59 777

Fax: +43 / 1 / 53 444-104710; tirol@oegb.at

포어아를베르크 지역 조직 OGB Landesorganisation Vorarlberg

Steingasse 2, 6800 Feldkirch, Tel.: +43 / 5522 / 3553

Fax: +43 / 5522 / 3553-13; vorarlberg@oegb.at